Sue Burnham

Gefühle verstehen – Perspektiven gewinnen

Sue Burnham

Gefühle verstehen – Perspektiven gewinnen

Vom richtigen Umgang mit unseren Empfindungen

FRANCKE
Verlag der Francke-Buchhandlung GmbH

Die Deutsche Bibliothek – CIP-Einheitsaufnahme

Burnham, Sue:
Gefühle verstehen – Perspektiven gewinnen: vom richtigen Umgang mit unseren Gefühlen / Sue Burnham. [Dt. von Agentur Lardon, Annerose Goldhahn]. – Marburg an der Lahn: Francke, 1994
(Francke-Ratgeber)
Einheitssacht.: Living with your emotions ‹dt.›
ISBN 3-86122-125-X

Originaltitel: Living with your emotions

Published by Tyndale House Publishers, Inc., Wheaton, Ill., USA

Deutsch von Agentur Lardon / Annerose Goldhahn
Umschlaggestaltung: Agentur Lardon, Hamburg
Satz: Druckerei Schröder, 35083 Wetter/Hessen
Druck: Breklumer Druckerei Manfred Siegel KG, Breklum

Francke-Ratgeber

Inhalt

Vorwort

Gefühle verstehen – Perspektiven gewinnen ist von der Frau eines Pastors geschrieben, die Mitgefühl, Verständnis, Erfahrung und Weisheit besitzt. Und obendrein ist sie auch noch eine ausgebildete Beraterin.

Freimütig berichtet Sue Burnham von Erfahrungen aus ihrem eigenen Leben, mit denen sich jede Frau identifizieren kann. Das Ergebnis ist ein hilfreiches Buch voll praktischer Ratschläge, durch Fallbeispiele veranschaulicht und mit Bibelstellen untermauert.

Eigentlich ist dieses Buch viel zu kurz! Aber Sie werden viele Anregungen zum Nachdenken bekommen, neu herausgefordert werden und gut fundierte Vorschläge finden, die Ihnen helfen sollen, ein gesundes und ausgeglichenes Gefühlsleben zu entwickeln.

Ruth Bell Graham

Einleitung

Es war an einem meiner ersten Sonntage in der Gemeinde, in der mein Mann Dave seinen Dienst begann. Ich war einundzwanzig und frisch verheiratet. Meine neu erworbenen Titel – „Frau Burnham“ und „Pastorenfrau“ – zeigten, wie sich mein Leben gerade verändert hatte. Das Erlernen meiner Rolle als gute Ehefrau war der erfreuliche Teil dieser neuen Phase. Die schwierigere Veränderung hatte mit der anderen Rolle zu tun.

Ich erinnere mich, wie ich an jenem Morgen auf einer der Holzbänke saß, immer noch aufgeregt und voller Erwartungen wegen unseres neuen Dienstes. Kurz vor dem ersten Lied, mit dem der Gottesdienst eröffnet wurde, spürte ich eine sanfte Berührung auf meiner Schulter. Ich drehte mich um und sah eine Frau mittleren Alters.

„Frau Burnham“, flüsterte sie, „ich würde nach dem Gottesdienst gern mit Ihnen sprechen. Ich bin ängstlich und habe nachts diese Weinanfälle. Ich brauche die Hilfe einer Pastorenfrau.“

Einer Pastorenfrau von einundzwanzig Jahren. Da saß ich nun, erst knappe zwei Jahre aus meinen Teenagerjahren heraus, und wurde mit dieser dramatischen Lage im Leben eines Erwachsenen konfrontiert. Ich verstand meine eigenen Tränen und Ängste nicht. Wie sollte ich ihr helfen?

Das Problem dieser Frau brachte mich zum Nachdenken. Ich fragte mich: „Kann eine Frau erfolgreich mit Angst fertigwerden? Sind wir fähig, unsere Tränen und die Traurigkeit, die uns manchmal überfallen, unter Kontrolle zu bringen?“

Als ich versuchte, die emotionalen Aspekte unseres Lebens zu verstehen, erkannte ich, daß Gefühle Macht besitzen – so viel Macht, daß sie uns ohne weiteres beherrschen können. Man kann nicht über Nacht oder in „zehn leichten Lektionen“ lernen, die eigenen Gefühle zu verstehen und eine neue Perspektive zu gewinnen. Erst nach einer Zeit des Nachforschens und Suchens wurde mir der Reichtum der Gefühle bewußt, und ich verstand, wie wir ihren ursprünglichen Zweck genießen sollen.

Ein nachhaltiger Eindruck

Die Erinnerung an meine Mutter war mein erster Schritt zu einem Verständnis davon, welche Rolle Gefühle in unserem Leben spielen. Ich erinnere mich lebhaft daran, wie sie unser Heim mit ihrer farbenfrohen Persönlichkeit belebte.

Mutters Reaktion auf die Ereignisse des Lebens war so stark, daß die Atmosphäre von ihren Gefühlen zu vibrieren schien. Wenn ich das Haus betrat, spürte ich ihre Gefühle, noch bevor ich sie gesehen hatte. An manchen Tagen spürte ich, daß freudige Erregung in der Luft lag, an anderen verspürte ich Ärger oder manchmal auch Sorge. Ich erlebte beides, die Höhen und die Tiefen des Lebens, durch die Stärke ihrer Gefühle.

Was mich an meiner Mutter am meisten beeindruckte, war ihr Enthusiasmus. Sie war begeistert, wenn Besuch kam, wenn sie sich ein neues Kleid kaufte, wenn der Mais, den sie in ihrem Garten anbaute, reif zur Ernte war. Aber ihr Enthusiasmus übertrug sich genauso stark auf die alltägliche Routine.

Es war Mitte der vierziger Jahre, und wenn ich zurückblicke, sehe ich eine attraktive Frau mit einer leichten Wolljacke über ihrem Hauskleid. An diesem speziellen Tag im Frühjahr nutzte sie das klare Wetter, das typisch ist für den mittleren Westen der USA, um ihre Wäsche draußen auf die Wäscheleine zu hängen. Meine Schwester und ich kamen zum Mittagessen von der Schule nach Hause. Mutter klammerte den letzten Kissenbezug fest und folgte uns durch den Seiteneingang.

Verlockende Küchendüfte begrüßten uns. Es roch nach gekochtem Schinken und etwas Süßem. Mutter wusch ihre Hände, band sich eine Schürze um, schnitt über einer halbierten Orange eine Banane in Scheiben und streute Kokosraspeln darüber. Unsere Schinkenstullen auf zwei Scheiben frischem weißem Brot waren schon vorbereitet.

Mutter war am Vormittag, nachdem das Frühstücksgeschirr abgewaschen war, den vertrauten Weg zu Sid's Lebensmittelgeschäft gegangen, das zwei Straßen entfernt war, und hatte Brot gekauft. Dann war sie nach Hause gegangen, um, wie jeden Montag morgen, die Wäsche zu waschen. Dazu mußte sie nicht nur ein paar Knöpfe drücken. Mühsam füllte sie den Waschzuber mit Wasser und Spänen von einem Stück Seife, wusch die Kleidung – Weißwäsche zuerst –, spülte sorgfältig, zog dann jedes Wäschestück durch die Mangel und hängte die Wäsche in der frischen Frühlingsluft zum Trocknen auf.

Mitten an ihrem Waschtag fand Mutter die Zeit, einen Nachtisch zu machen. Sie hatte Eierrahmkrusten gebacken, nicht mit einer fertigen Backmischung, sondern aus frischen Eiern, Milch und Zucker. Nachdem wir wieder zur Schule gegangen waren, wusch und trocknete sie das Mittagsgeschirr ab und scheuerte die verkrusteten Kuchenförmchen. Da es kein Fernsehen gab, gab es auch keine Versuchung, das Zusammenlegen der Wäsche aufzuschieben, um sich Seifenopern anzusehen. Das kleine Radio in der Küche war ihr einziger Zugang zu Nachrichten aus der Außenwelt, auch zu den Ereignissen des zweiten Weltkriegs.

Aber es waren nicht so sehr die gefährlichen Kämpfe in den Schlachten in Übersee, die Mutters Gefühle im Laufe des Tages erregten. Ihre Gefühle wurden vielmehr von der Sorge um ihre Haushaltspflichten erregt. Kochen, den Haushalt führen, meiner Schwester und mir beibringen, wie man das Haus gründlich säubert, so daß es sauber aussah und sogar sauber roch – diese Aufgaben beanspruchten ihre emotionale Energie. Ein ungescheuertes Waschbecken in der Küche, oder auch nur eine schmutzige Ecke im Waschbecken, ärgerte sie. Aber noch unduldsamer war sie, wenn sie Krümel auf dem Küchenboden sah, die nicht aufgefegt waren. Sie sprach nicht besonders laut, wenn sie uns sagte, daß wir unsere Aufgaben nicht zufriedenstellend erledigt hätten. Aber wir erkannten ihr Mißfallen an ihrem Gesichtsausdruck und dem Gewicht ihrer Worte: „Ihr dürft erst spielen gehen, wenn diese Küche sauber ist."

Mutter lehrte uns auch, was gut und was schlecht ist, und das war ebenfalls mit starken Gefühlen verbunden. Wenn sie uns etwas über Respekt gegenüber den Eltern sagte oder darüber, daß wir die Wahrheit sagen sollten, drückte ihr ganzer Körper aus, wie wichtig es war, sich an diesen Standard zu halten. Der Tonfall ihrer Stimme, der Ernst in ihren Augen und ihr Kopfschütteln – alles vermittelte dieselbe Überzeugtheit. „Sprecht niemals respektlos mit mir", sagte sie zum Beispiel, und mir wurde immer ganz flau im Magen, wenn ich an die möglichen Konsequenzen eines solchen Handelns dachte.

Mit der gleichen Gefühlsintensität sorgte sie für uns, freute sie sich mit uns Kindern und machte uns Mut. Einmal wartete sie auf mich, als ich durch den Hintereingang in die Küche kam. Mein ganzer Körper war kalt, und mein Gesicht war rot und gespannt. Ich war eine längere Strecke durch tiefen Schnee gegangen, und der Wind hatte mir ins Gesicht geblasen. Mit derselben Intensität, mit der sie mich lehrte, sauberzumachen und richtig zu leben, kümmerte sich Mutter um meinen kleinen, kalten Körper. Sie half mir, meinen Mantel auszuziehen, zog mir die Stiefel von den Füßen und rieb energisch meine Arme und Beine. Dann hielt sie mein Gesicht in ihren Händen. Ihre Augen funkelten, als sie sagte: „Ich bin so froh, daß es dir gut geht." Sie schlang ihre Arme um mich und umarmte mich herzlich.

Bei Mutter gab es keine Familiengeheimnisse – nichts, das geheimgehalten und später genauer untersucht wurde. Mit viel Gefühl berichtete sie uns Einzelheiten aus ihrem, Vaters und unserem Leben. Sie erzählte uns, wie traurig sie gewesen war, als ihr erstes Baby, David, nur zehn Tage gelebt hatte. Die gesamte Episode – angefangen mit der Freude über die Geburt bis zu ihrer Wut auf die nachlässigen Krankenschwestern, die so unvorsichtig gewesen waren und David mit einer tödlichen Krankheit angesteckt hatten – wurde leidenschaftlich erzählt.

Veränderungen – zum Guten?

Mutter setzte, so wie andere Frauen ihrer Generation, ihre ganze körperliche und emotionelle Energie für die Aufgabe ein, ihren Haushalt zu führen und sich um ihre Kinder zu kümmern.

Dann kamen die turbulenten Sechziger. Innerhalb eines Jahrzehnts verblaßte die Sicherheit darüber, was die Rolle einer Frau war. Dramatische Veränderungen fanden statt. Studenten und junge Erwachsene begannen, Traditionen und Werte in Frage zu stellen. Frauen sprachen von Freiheit und persönlicher Erfüllung. Ausgelöst von Unruhen wegen der Ungleichheit der Rassen entfachten die Medien einen Kreuzzug für gesellschaftliche Veränderungen.

Ganz neue Möglichkeiten ergaben sich. Frauen wollten sich nicht länger unterdrücken lassen. Alle Unterwürfigkeit schüttelten sie ab. Aus ihrer Abhängigkeit drängten sie nach oben. Sie rebellierten – einige lautlos, andere offen. Diese Protestbewegung bewirkte 1964 eine Änderung der Bürgerrechte. Der Feminismus, die Legalisierung der Abtreibung und die Frauenrechtsbewegung waren geboren. Daraus resultierte eine neue Freiheit für Frauen.

Heute ist das häusliche Leben, die Erziehung der Kinder und das Scheuern von Kuchenförmchen nicht mehr die einzige Möglichkeit, die wir Frauen haben. Die Rolle der Frau hat sich seit den 40er Jahren dramatisch verändert. Das Selbstverständnis ist anders geworden. Normen haben sich verschoben. Die heutige Zeit lehnt das häusliche Leben als antiquiert ab. Frauen sollen mehr sein als dienstbare Geister. Eine neue Art von Frau ist entstanden. Aber ist sie auch glücklicher?

Leider sind mit den neuen Freiheiten auch neue Probleme aufgetaucht – und in ihrem Gefolge ein Heer von Gefühlen. Die Rolle der Frau hat sich verändert. Als Folge davon sind die Gefühle vieler Frauen, die nicht für eine Karriere außerhalb ihres Heims vorbereitet sind, durchdrungen von Zweifeln an sich selbst. Andere Frauen beklagen die Tatsache, daß sie aus finanziellen Gründen arbeiten gehen müssen. Viele Karrierefrauen fühlen sich schuldig, weil sie zu wenig Zeit mit ihrer Familie verbringen. Und dann ist da noch die unverheiratete Frau. Sie muß mit den Überresten einer chauvinistischen Arbeitswelt fertig werden und wird dabei frustriert, während sich die unverheiratete, geschiedene oder alleinerziehende Frau oft abgelehnt fühlt.

Ein aktuelles Dilemma

Die Belastungen, denen die Frauen von heute ausgesetzt sind, sind real. Unser Leben ist im Vergleich zu dem unserer Mütter vielschichtig und kompliziert. Ist es ein Wunder, daß so viele von uns nicht richtig damit fertig werden?

Die größte Untersuchung in bezug auf seelische Gesundheit, die je in unserem Land gemacht worden ist, liefert erschreckende Beweise dafür, daß wir in der Tat in einer unruhigen Zeit leben: „Beinahe 20 % der amerikanischen Erwachsenen“, stellte ein Forscherteam des National Institute of Mental Health (Staatliches Institut für psychische Gesundheit) fest, „leiden gegenwärtig an psychischen Störungen.“

Diese Ergebnisse zeigen nicht, was viele tief in ihrem Inneren fühlen, aber einem Meinungsforscher gegenüber nie zugeben würden. Als Pastorenfrau und ausgebildete psychologische Beraterin habe ich gelernt, daß Umfragen immer nur die Symptome des Problems reflektieren – sie eignen sich nicht dazu, die innersten Gefühle von Frauen zu definieren, die um das nackte Überleben kämpfen.

Aber irgendwann kommen die tiefen Gefühle schließlich nach oben. Wenn sich eine Frau unerwünscht oder unzulänglich fühlt, verletzt sie sich selbst. Wie ein Schwamm saugt sie die Kommentare und das Verhalten anderer in sich auf. Dann drückt sie diese negativen Gedanken Tropfen für Tropfen in ihr Denken hinein. Ihre gesamte Aufmerksamkeit konzentriert sie darauf, wodurch sie ihr Gefühl der Wertlosigkeit und Unfähigkeit noch verstärkt.

Viele Frauen fühlen sich heutzutage nicht in der Lage, mit den Forderungen und dem Druck des neuen Wertesystems umzugehen. Sie entdecken, daß sie nicht die Kraft haben, der Herausforderung standzuhalten.

Gibt es in dieser Zeit des Wandels etwas, das einer Frau helfen kann, die Einzelteile aufzusammeln und wieder zusammenzusetzen? Gibt es eine innere Stärke, die es einer Frau ermöglicht, in guten und in schlechten Zeiten ein Lied auf den Lippen zu haben? Gibt es Resourcen, aus denen eine Frau positive Gefühle schöpfen kann, ganz gleich, ob sie nun Karriere macht oder einen Haushalt führt? Gibt es eine Quelle der Erkenntnis und Stärke, die den Frauen von heute zur Verfügung steht?

Entdecken Sie den Rhythmus Ihrer Gefühle

Frauen mit den verschiedensten Lebensstilen sind in mein Leben getreten. Sie haben in unserer Kirche, unserer Beratungsstelle und bei unseren Bibelarbeiten eine offene Tür vorgefunden. Als sie kamen, suchten sie Antworten und brauchten Hilfe.

Für diese Frauen erwies sich der Umgang mit ihren Gefühlen als Kampf. Bei Ihnen ist das vielleicht genauso. Oft sind ihre Kämpfe mit Depressionen, Ärger, Angst oder Schuld so bedrohlich, daß die Frauen meinen, Gefühle seien negative Erfahrungen. Diese Kämpfe sind wie Wolken. Sie verbergen, wie großartig Gefühle unser Leben machen können. Denken wir zum Beispiel an die Schönheit der Liebe oder die Freude der Begeisterung und die Stille der Zufriedenheit.

Unsere Gefühle sind die innere Antwort, die wir als Reaktion auf die Ereignisse des Lebens geben. Sie gehören zu uns wie Familienmitglieder und können nicht hinausgeworfen werden. Wir sollten sie auch nicht verleugnen oder ignorieren. Gefühle gehören zu uns. Sie leben und sind aktiv, ganz gleich, wie tief wir sie begraben.

Niemand von uns hat völlige Kontrolle darüber, was er fühlt. Aber wir können entscheiden, was wir mit unseren Gefühlen tun. Die wichtigen Schritte sind, unsere Gefühle zu erkennen, die negativen so gut es geht zu verändern und sie alle wirksam auszudrücken. Der Umgang mit den Gefühlen erfordert Kenntnisse, und diese zu vermitteln ist ein Ziel dieses Buches.

Als ich einundzwanzig war, begann mein Bestreben, die Geheimnisse des Umgangs mit unseren Gefühlen aufzudecken. Seitdem habe ich gelernt, daß es bestimmte Kräfte gibt, die eine Frau beleben und ihr helfen können, mit ihren Gefühlen fertigzuwerden. Keine Frau muß unruhig, deprimiert oder ärgerlich sein. Stattdessen kann sie echte Liebe empfinden und erfüllt sein von Frieden, Freude und einem Gefühl von Sinn in ihrem Leben.

Ich verspreche keine Wunder, wenn man den Prinzipien dieses Buches folgt, aber ich werde die Wahrheit über meine Entdeckungen mitteilen – Entdeckungen, die sich im Leben von Frauen, die ich beraten habe, bestätigt haben. Es ist eine Tatsache, daß Gefühle dem Leben seine Impulse und seinen Rhythmus geben, und sie können dazu beitragen, daß Sie ein erfülltes, angenehmes Leben haben – ob Sie nun Anwältin sind oder ob Sie Backförmchen schrubben.

1. Eine bunte Palette von Farben

Der eigenen Identität auf der Spur

Die Herbstluft in Beijing war klar und erfrischend, aber ich fühlte mich, als müßte ich ersticken. Überall sah ich Massen von dunkelhaarigen Chinesen. Sie füllten die Straßen und bevölkerten die Bürgersteige – einige zu Fuß, andere fuhren auf Fahrrädern. Hinter dem modernen Teil der Stadt erhob sich die Verbotene Stadt mit ihren geschwungenen, mit goldenen Ziegeln gedeckten Dächern und ihren leuchtend bunten Gebäuden. Im Gegensatz zu den leuchtenden Rot-, Blau- und Gelbtönen der Vergangenheit trugen die Chinesen der frühen 80er Jahre – die Generation nach der Revolution – triste Blusen und dunkle Hosen. Ihre Gesichter machten auf mich einen ernsten Eindruck. Während ich mich in einem scheinbar endlosen Menschenstrom voranbewegte, stieg in mir eine uralte Frage auf: *Wer bin ich?* Da war ich nun, eine einzelne amerikanische Frau mit westlicher Kleidung, die mit den Menschenmassen des größten Landes der Erde dahintrieb. *Wer bin ich in dem eintönigen Zyklus der Menschheit von Leben und Tod?*

Vielleicht können Sie sich mit den intensiven Gefühlen, die ich in jenem Augenblick in China verspürte, nicht identifizieren. Aber haben Sie sich inmitten all der Routine, der Sie im Laufe eines Tages nachgehen, jemals gefragt, wer Sie eigentlich sind? Vielleicht sind die Zeiten, in denen Sie Karriere gemacht haben, vorbei, zumindest vorübergehend, und Sie sind eine Vollzeit-Mutter. Wenn Sie sich über Ihr Baby beugen, um eine Windel zu wechseln oder zum elften Mal die Schnürsenkel Ihres Kleinkindes zubinden – stellen Sie sich dann jemals die Frage: *Wer bin ich?*

Vielleicht sind Sie eine alleinstehende Karrierefrau. Verfolgt Sie die

„Wer bin ich?"-Frage, wenn Sie an einem Samstag abend allein essen – oder wenn Ihre verheirateten Freunde die Ankunft ihrer Babys verkünden?

Wenn Sie sich bereits in den mittleren Jahren befinden, war Ihre bisherige Vollzeitbeschäftigung vielleicht Hausfrau und Mutter. Jetzt ist das letzte Ihrer Kinder auf der Hochschule und sucht seine eigene neue Welt. Fragen Sie sich dann, wer Sie sind?

Die Antwort auf diese zeitlose Frage gibt Aufschluß darüber, wie Sie mit Ihren Gefühlen leben. Wenn Sie in der Frage nach Ihrer Identität verwirrt sind oder sich selbst ablehnen, dann werden negative Gefühle der Minderwertigkeit, Einsamkeit und Angst auftauchen und Sie quälen. Wenn Sie verstehen, wer Sie sind und Ihre Identität akzeptieren, werden Sie eine neue Perspektive gewinnen und innere Sicherheit erlangen.

Die Identitätsfrage stellte sich mir das erste Mal vor vielen Jahren, als ich in die Schule kam.

Was bedeutet ein Name?

Meine Schwester, die bereits in der ersten Klasse war, ging mit mir acht Häuserblocks weit bis zu dem großen, efeubedeckten Backsteingebäude, wo ich mich für die Vorschule anmelden sollte. Ich weiß noch, wie aufgeregt ich war. Aber ich erinnere mich auch noch, daß ich mich wie eine Fremde fühlte, als ich das Klassenzimmer betrat. Es war völlig anders als meine kleine, gemütliche Sonntagschulklasse, in der all die anderen Fünfjährigen meine Freunde waren. Ich fragte mich besorgt: *Wer bin ich unter so vielen Kindern?*

Ich stand in einer langen Reihe vor dem Lehrertisch und wartete. Als ich an die Reihe kam, platzte ich heraus: „Ich bin Sue Huffman. Ich wohne in der Altgeld Straße 314." Die Lehrerin sah von dem blauen Formular auf, blickte mir in die Augen und lächelte. Dann füllte sie ruhig das Formular aus.

Mein Name hatte einen magischen Effekt – er identifizierte mich für die Lehrerin. Mein Name unterschied mich von jedem anderen Kind in dem überfüllten Raum.

Jahre später, in China, unterschied mich mein Name ebenfalls von allen anderen. Ich stand in der Schlange im Flughafengebäude und wartete. Es schien Stunden zu dauern, bis ich beim Tisch des Grenzbeamten ankam. Er musterte mich, sah auf den Namen in meinem Paß und erlaubte mir dann, sein Land zu betreten. Mein Name ist auch jetzt noch das charakteristische Merkmal, das sagt, wer ich bin. Er unterscheidet mich von jedem anderen Menschen auf der Welt.

Ob Sie Ihren Namen nun mögen oder nicht – Ihre Identität ist mit ihm verbunden. Ihr Name sagt, wer Sie sind – ein Individuum, das sich von jedem anderen Menschen auf diesem überfüllten Planeten unterscheidet.

Wie sehen Sie sich selbst?

Was fällt Ihnen ein, wenn Sie Ihren Namen hören?

Wenn Sie Ihren Namen hören, sehen oder an ihn denken, haben Sie vielleicht ein Gemälde vor Augen, das aus einzelnen Grundfarben gemalt ist. Wenn man sie untereinander mischt, entstehen viele verschiedene Farben, die dann alle irgendwo in dem großen Bild vorkommen. Jede einzelne Mischfarbe mag ein anderes Gefühl bei Ihnen hervorrufen. Das, wofür Sie sich selbst halten, spiegelt sich in diesen Farben wider.

Vielleicht sehen Sie als erstes Ihre äußere Erscheinung. Sie haben unzählige Male Ihr Spiegelbild betrachtet und haben eine ganz bestimmte Vorstellung von sich entwickelt.

Sehen Sie Ihre Stupsnase, Ihr spitzes Kinn oder Ihre zu runden Wangen? Ich sehe mein Profil, dann meine dunklen Haare und meine Sommersprossen.

Was für ein Bild haben Sie von Ihrem Körper? Zu klein, zu groß, zu dick?

Wir neigen dazu, sowohl die Unvollkommenheiten unseres Aussehens als auch die Makel unserer Persönlichkeit in unserer Vorstellung überzubetonen. Unsere Gesellschaft redet uns ein, wie erstrebenswert ein bestimmtes Aussehen ist. Die Werbemacher propagieren die Wichtigkeit eines sexuell attraktiven und gesunden Körpers. Zur Zeit ist ein gebräunter und durchtrainierter Typ gefragt.

Einige Frauen kann dieses allgemein anerkannte Ideal enorm motivieren. Susan, mit der ich gelegentlich Tennis spiele, ist fünf Tage in der Woche auf dem Tennisplatz zu finden. In der Regel trainiert sie den ganzen Vormittag. Nach dem Mittagessen verbringt sie dann den Nachmittag in einem Heilbad. Sie bezieht die Energie für ihr Leben ausschließlich aus der Dynamik, die aus gutem Aussehen und dem Gefühl, fit zu sein, resultiert. Sie läßt nicht zu, daß irgend etwas ihren betriebsamen Tagesplan stört – und schon gar nicht ein entspannter Besuch nach dem Mittagessen oder ein spontaner Einkaufsbummel. Was sie betrifft, so *ist* ihr

Wert als Person ihr Körper. Das dominierende Bild ihrer durchtrainierten Gestalt beantwortet ihr *Wer bin ich?*

Aber Sie sind so viel mehr als nur eine Gestalt im Spiegel. Denken Sie an Ihren Namen und die Vielzahl von Bildern, die damit verbunden sind. Das Kaleidoskop verschiebt sich, und Familienerlebnisse und -geschichten wirbeln zusammen und fügen eine weitere Dimension zu Ihrem einzigartigen Bild hinzu. Vielleicht kommen Ihnen Vorstellungen von Ihrem Vater und Ihrer Mutter in den Sinn. Sie sehen sie vor sich, wie sie auf ihre besondere Art etwas sagen und tun, wie sie Lieblingsausdrücke verwenden oder ihre Hände auf eine bestimmte Weise bewegen.

Jetzt sehen Sie wieder sich selbst. Sie sprechen auf die gleiche Weise, benutzen dieselben Ausdrücke oder rollen den Kuchenteig mit derselben Intensität, mit der es Ihre Mutter tat. Ich sehe die Hände meiner Mutter, sehe, wie sie die Ränder des Kuchenteigs exakt rundet. Und über dieses Bild lagert sich das Bild meiner Großmutter, und ich kann sehen, wie ihre Hände die Kekse mit derselben Präzision formen. Dann sehe ich meine Hände – Finger und Knöchel genau wie die meiner Mutter und meiner Großmutter, und sie bewegen sich genauso.

Der familiäre Hintergrund

Wenn sich in das Kaleidoskop Ihrer Vorstellung von sich selbst die Bilder Ihrer Mutter und Ihres Vaters einblenden, können sie gemischte Gefühle erregen. Das Selbstwertgefühl ist wie die Unterseite eines Wandteppichs, der Ihr Leben darstellt. Das von Hand gestickte Muster auf der Vorderseite zeigt, wie Sie sich selbst sehen – Ihr Aussehen, das, was für Ihre Familie charakteristisch ist und Ihre Fähigkeiten. Die Rückseite des gestickten Musters, das aus verschiedenfarbigen Fäden besteht, ist das Geflecht Ihrer Gefühle – Ihre Reaktionen auf das, was Sie sind.

Ihr Selbstwertgefühl basiert darauf, wie sehr Sie sich für geschätzt, wertvoll und fähig halten. Diese Gefühle wiederum entstehen als Reaktion darauf, wie man Ihnen in engen Beziehungen begegnet, angefangen bei Ihrer Mutter und Ihrem Vater und der Liebe, die sie Ihnen entgegenbringen.

Was empfinden Sie, wenn Sie sich Ihre Mutter und Ihren Vater vorstellen? Haben Sie negative Gefühle bei dem Gedanken an Ihre Familie? Oder vermittelt Ihnen diese Vorstellung ein warmes Gefühl der Zufriedenheit? Wie haben Ihre Eltern für Sie gesorgt? Waren Sie als Kind erwünscht? Wenn Sie verstehen wollen, wie Ihre Familie zu Ihnen steht, dann lassen Sie sich Geschichten über Ihre Geburt und von Ihrer frühen Kindheit erzählen. Aus Worten, die Ihre Mutter in Ihr Babybuch geschrieben hat, erfahren Sie etwas über sich selbst und darüber, wie andere Familienmitglieder für Sie empfanden.

Geschichten, die meine Mutter mir über meine Kindheit erzählte, bestätigten meinen Wert. Ich bat sie häufig, eine bestimmte Geschichte noch einmal zu erzählen. Mir ist klar geworden, daß sie mir den Eindruck vermittelt, ich sei jemand ganz Besonderes.

„Du warst noch ein kleines Mädchen, gerade 20 Monate alt, und du hast oft im Hof gespielt. Eines Tages hatten wir einen sehr heißen Sommertag", sagte sie gewöhnlich, „Dein Vater entschied sich, sein Auto in den Schatten eines Baumes zu fahren. Er wußte nicht, daß du dicht bei den Rädern spieltest. Du fielst vor das Auto, als es anfuhr, und als dein Vater den Widerstand spürte, glaubte er, er sei über ein Spielzeug gefahren. Stattdessen sah er deinen leblosen Körper. Er hob dich auf und rannte zum Haus, durch die Hintertür und die Treppe hinunter in den Keller, wo ich Kirschen einkochte. Verzweifelt legte er dich in meine Arme und rief: 'Ich habe unser Baby überfahren!' Wir rasten zum Krankenhaus."

Sehr detailliert beschrieb sie die Sorge jedes einzelnen Familienmitglieds, als sie mich in den folgenden kritischen Tagen pflegten. Jedesmal, wenn sie über meine Genesung berichtete, betonte sie einen Punkt. „Gott hat dein Leben verschont, weil er etwas mit dir vorhat", sagte sie. Ich wußte ohne jeden Zweifel, daß ich meiner Familie wichtig war, und ich begann sogar, so etwas wie ein Lebensziel zu empfinden.

Sie haben vielleicht keine persönliche Geschichte, die Sie gefühlsmäßig eng an Ihre Familie bindet. Aber wie steht es mit besonderen Ereignissen, die Ihnen das Gefühl gaben, daß Sie wertvoll sind? Als Ihr Vater zum Beispiel nur Sie bat, mit ihm eine Besorgung zu erledigen, fühlten Sie sich da als jemand Besonderes?

Ich erinnere mich, wie ich mit meinem Vater zum Friseur ging. Er ließ sich die Haare schneiden, und dann gingen wir beide zum Laden, um Lebensmittel zu kaufen. Eine andere lebhafte Erinnerung ist, wie uns unsere Eltern einmal eine besondere Freude machten und wir in das Schnellrestaurant unserer kleinen Stadt gingen, um Hamburger zu essen. Es war mein erster Hamburger, und er war der beste, den ich je gegessen habe. Ich kann immer noch die Gürkchen riechen und das warme, weiche Brötchen spüren.

Haben Sie Erinnerungen daran, wie Sie bei Ihrem Vater oder Ihrer Mutter gekuschelt, wie sie Ihnen eine Geschichte vorgelesen haben oder an einem schönen Sommerabend über Land gefahren sind? Spürten Sie die Wärme ihrer Liebe und die Sicherheit, daß sie zusammengehören, als Sie neben ihnen saßen?

Falls die Geschichten und Erinnerungen undeutlich sind, dann blättern Sie doch einmal im Familienfotoalbum. Es spiegelt die Beziehung zwischen Ihnen und Ihrer Familie wider. Hoffentlich gibt es in dem Album ein Foto von Ihrer Mutter, die Sie mit einem freudigen Gesichtsausdruck im Arm hält, als Sie noch ein Baby waren.

Eines meiner Lieblingsbilder in unserem Familienalbum ist ein handgemaltes Portrait von meiner älteren Schwester und mir. Wir tragen beide ein Baumwollkleid mit Rüschen und haben dazu passende Schleifen im Haar. Meine Schwester hat ihren Arm liebevoll und beschützend über meine Schulter gelegt. Das Bild zeigt, daß wir unserer Mutter etwas bedeuteten und vermittelte die Botschaft, daß wir erwünscht und wertvoll waren.

Es gibt mir auch einen Eindruck von meiner Beziehung zu meiner Schwester und zeigt, daß ich ihr nicht gleichgültig war. Das Wissen, daß wir unserer Mutter und unserem Vater und den anderen Familienmitgliedern wichtig sind, gibt uns ein Gefühl persönlichen Wertes. Ihre Botschaften der Fürsorge dringen in unsere Gedanken und unser Herz und steigern unser Selbstwertgefühl.

Sie sind vielleicht nicht in einer so liebevollen und beschützenden Familie großgeworden, wie es bei mir der Fall war. Vielleicht war Ihre Familie zerrüttet, oder ein Elternteil war Alkoholiker. Ihre emotionalen Bedürfnisse wurden nicht befriedigt. Wenn Sie sich als Kind unerwünscht oder vernachlässigt gefühlt haben, leiden Sie unter den gleichen Gefühlen wie Mary.

Mary wurde von einem kinderlosen Ehepaar adoptiert. Beide Eltern waren karrieresüchtig. Ihre Mutter und ihr Vater waren kaum jemals für sie da, um sie im Arm zu halten oder mit ihr zu sprechen. Mehrere Ersatzmütter kümmerten sich um ihre physischen Bedürfnisse, aber keine von ihnen pflegte und umsorgte sie mit mütterlicher Anteilnahme. Heute ist Mary eine attraktive Frau von 25 Jahren mit einem geringen Selbstwertgefühl. Sie fühlt sich einsam, ist unfähig, in der Beziehung zu ihrem Mann Vertrautheit zu empfinden und hat Angst, ihre Gedanken und Gefühle zum Ausdruck zu bringen.

Vielleicht haben Ihnen Ihre Eltern auch keine Zuneigung gezeigt oder Ihnen zu verstehen gegeben, wie wertvoll Sie sind. In diesem Fall wird Ihnen um so deutlicher sein, wie wichtig ein gutes Selbstwertgefühl ist.

Das Verhältnis zu Gleichaltrigen

In der Kindheit tragen die Kommentare und Handlungen anderer Gleichaltriger zu unseren Gefühlen über uns selbst bei. Negative Kommentare, wie zum Beispiel „Du bist fett", oder „Du hast häßliche Kleider", tragen zu einem niedrigen Selbstwertgefühl bei. Auch ein Verhalten, das uns das Gefühl gibt, daß wir ignoriert und herabgesetzt werden, beeinträchtigt die Entwicklung eines gesunden Selbstwertgefühls nachhaltig.

Eine Frau vertraute mir an, wie sehr sie als 12-jährige unter ihrem Übergewicht gelitten hatte. Sie hätte alles gegeben, um nicht am Sportunterricht teilnehmen zu müssen. „In der sechsten Klasse war es besonders peinlich", sagte sie, „und mein Gewicht machte mich noch langsamer als zuvor. Wenn die Klasse einen Staffellauf machte, stöhnten die Mädchen schon im voraus, wenn ich zu ihrem Team gehörte. Aber die Lehrerin machte es noch schlimmer, denn sie hatte die Vorhänge in der Dusche entfernen lassen. Alle Mädchen konnten sich gegenseitig beim Duschen sehen, und die schlanken kicherten und machten Bemerkungen über meinen fetten Körper. Ich verstehe nicht, warum Mädchen so grausam zueinander sind. Die Demütigung von damals kann ich heute noch spüren."

Teenager haben ein besonderes Bedürfnis, von Gleichaltrigen akzeptiert zu werden. Ob Sie nun Ablehnung oder Annahme erfahren – beides hinterläßt tiefe Spuren in Ihrem Selbstwertgefühl.

Einige Teens würden beinahe alles tun für das Gefühl, dazuzugehören. Manche färben sich ihre Haare blau, tragen verrückte Hemden oder hängen sich bizarre Gegenstände an einer dicken Kette um den Hals. Je unsicherer jemand ist, desto mehr Bestätigung braucht er durch andere. Das Bedürfnis dazuzugehören ist für manchen Teenager so stark, daß er sich dazu verleiten läßt, Entscheidungen mit weitreichenden, schädlichen Auswirkungen zu treffen.

Ein hübsches siebzehnjähriges Mädchen saß in meinem Büro und bekannte mir, daß sie ihre sittlichen Werte geopfert hatte, um akzeptiert zu sein. Linda saß auf dem Sofarand. Sie hatte ihre Beine übereinander geschlagen und zupfte nervös an ihren Fingernägeln. Sie berichtete die Geschichte eines unaufhaltsamen Abstiegs: Alles begann mit ihrer eigenen Unsicherheit, die sie zu unmoralischem Tun getrieben hatte. Am Ende schließlich plagten sie entsetzliche Schuldgefühle. Mit leiser Stimme erklärte sie: „Meine Eltern behaupteten zwar, daß sie mich liebten, aber sie schienen nie Zeit für mich zu haben. Als Kind fühlte ich mich in der Schule abgelehnt und konnte mich nicht mit der Gruppe identifizieren. Als ich vierzehn war, begann ich, Drogen zu nehmen. Einige andere Mädchen taten es auch, und ich wollte zu ihrer Clique gehören."

Sie hielt inne, holte ein Taschentuch aus ihrer Handtasche, vergrub ihr Gesicht in den Händen und begann zu weinen. Zwischen den Schluchzern setzte sie ihr Bekenntnis fort: „Ich schäme mich so. Es ist schwer für mich, das zu erzählen." Schließlich platzte sie heraus: „Ich ging auf das Angebot eines älteren Mannes ein, mit ihm zusammenzuleben. Dafür gab er mir meinen täglichen Bedarf an Drogen, denn ich hatte doch kein Geld, um sie zu kaufen." Linda schwieg eine Weile. Irgendwie wirkte sie erleichtert.

Dann sagte sie noch: „Ich habe mich wie eine Betrügerin gefühlt, denn ich bin immer noch zur Kirche gegangen, und meine Eltern haben nie entdeckt, daß ich nachts nicht zu Hause war. Ich weiß, daß das, was ich getan habe, falsch war, und ich habe mich dabei schuldig gefühlt, aber ich wollte unbedingt so sein wie die anderen Mädchen – obwohl ich den alten Mann, mit dem ich schlief, gehaßt habe." Sie putzte sich die Nase, räusperte sich und sprach ruhig weiter. „Ich habe einen wunderbaren jungen Mann kennengelernt, der mich heiraten möchte. Mit dem alten Mann habe ich Schluß gemacht, aber ich habe Angst vor ihm." Wieder stiegen ihr Tränen in die Augen, als sie sagte: „Ich bin gekommen, weil ich Sie etwas fragen möchte: Was soll ich dem Mann sagen, der mich gebeten hat, ihn zu heiraten? Soll ich ihm alles erzählen? Gibt es Vergebung für mich?"

Was für ein unglückseliges Opfer! Werden auch Sie von unglücklichen Erinnerungen belastet, wenn Sie an Ihre Kindheit und Jugend zurückdenken? Haben Sie irgendwelche Opfer gebracht, um akzeptiert zu werden?

Begabungen und Talente

Mischen wir die Farben wieder, dann können wir ein neues Bild von uns selbst sehen – eines, das unsere verschiedenen Fähigkeiten zeigt. Wissen Sie noch, wie Sie sich gefreut haben, als Sie hüpfen, pfeifen oder lesen gelernt haben? Das Erlernen dieser Fähigkeiten hat Ihnen Selbstvertrauen gegeben und das Bild, das Sie von sich selbst hatten, verbessert. Jeder Erfolg war ein Sprungbrett für Sie, um weitere Fähigkeiten auszuprobieren, und Ihr Selbstwertgefühl stabilisiert sich jedesmal. Immer, wenn Sie etwas lernten, eine Fähigkeit entwickelten und schließlich

Gebiete entdeckten, in denen Sie besser waren als andere, waren Sie mit sich zufrieden.

Unsere erbrachten Leistungen und unser einzigartiges Können sind Teil unserer Identität. Sie geben uns die Sicherheit, daß wir einzigartig sind und helfen uns, unseren speziellen Platz innerhalb der Gesellschaft zu finden und auszubauen. Wir wünschen uns Dinge, die unsere ganz persönliche Note tragen. Wir möchten, daß andere erkennen: *Hier war ich.*

Wo liegen Ihre Stärken, Ihr Potential? In der Kunst? In der Musik, im Sport, im Management oder in der Wissenschaft? Es erzeugt Selbstvertrauen, wenn man eine besondere Fähigkeit richtig kultiviert. Die Entwicklung eines Talentes wiederum hebt das Selbstwertgefühl.

Leider wird unser Potential durch emotionale Blockaden behindert. Angst und innere Konflikte können eine Frau davon abhalten, ihre Talente zu entwickeln und neue Fähigkeiten zu erlernen. Wenn eine Frau unsicher ist, hat sie Angst vor den Kommentaren der anderen. Wenn sie versagt, wird sie sich selbst noch weniger mögen. Deshalb schlummern ihre Gaben ungenutzt in ihrem Inneren. Wenn sich eine Frau durch Angst davon abhalten läßt, ihr Können auch nach außen hin zu demonstrieren, dann sperrt sie damit ihre positiven Selbstwertgefühle aus und verschließt sich teilweise den Zugang zu der Antwort auf die Frage, wer sie ist.

Emily war jungverheiratet und kämpfte mit mehreren emotionalen Blockaden. Sie und ihr Ehemann wohnten in einem großen Wohnwagen. Obwohl sie jetzt viel weniger Platz hatte, war sie froh, daß sie aus dem Haus ihrer Familie hatte ausziehen können. Ihr Leben lang war Emily von ihrer Mutter als Sündenbock für deren eigene Frustrationen benutzt worden. Jetzt war sie eine schüchtern aussehende junge Frau mit niedergeschlagenen Augen. Sie sagte: „Entweder schrie mich meine Mutter an, oder sie schlug mich, oder sie verfluchte mich und sagte mir, wie schlimm ich sei. Oder sie beschuldigte mich, ein Durcheinander verursacht zu haben. Sie verlangte Perfektion von mir und bekam einen Wutanfall, wenn ich die Kragen am Hemd meines Vaters nicht zu ihrer Zufriedenheit gebügelt hatte. Als junger Teenager log ich wegen meines Alters und bekam eine Stelle in einem Supermarkt, wo ich nach der Schule arbeitete, nur, um meiner Mutter und ihren Beschimpfungen zu entgehen."

Die emotionalen Wunden waren tief. Emily hatte ihre Gefühle oder negativen Erlebnisse niemals einem anderen gegenüber offenbart. Nachdem sie geheiratet hatte, begann ihr Mann, sich wegen ihres nächtlichen Weinens Sorgen zu machen und bestand darauf, daß sie Hilfe suchte.

Das häusliche Leben war für diese zarte, braunhaarige Frau schwierig. Jeden Morgen schrubbte sie den Wohnwagen, und am Abend, bevor ihr Mann heimkam, tat sie es noch einmal. Sie wollte sicher sein, daß sie ihre Aufgaben gut erledigte. Ihre großen blauen Augen füllten sich mit Tränen, doch sie versuchte krampfhaft, die Tränen zu unterdrücken. Dann flüsterte sie mir zu: „Ich kann nicht kochen. Man muß einfach zu viel lernen, um eine gute Köchin zu werden. Aber ich habe niemanden, der es mir beibringt, und das macht mir Angst." Sie hatte gerade erfahren, daß sie schwanger war. Aber sie fürchtete sich davor, das Baby zu bekommen. Kopfschüttelnd sagte sie: „Ich weiß nicht, wie man eine gute Mutter ist."

Das Gefühl, nicht gut genug zu sein, ist genauso ein schlimmes Gefühl wie das, nicht dazu zu gehören. Jedes dieser Gefühle erzeugt Unsicherheit. Diese ungestillten Bedürfnisse lassen sich oft bis in die Kindheit zurückverfolgen. Aber manchmal treten sie auch in einer späteren Entwicklungsphase auf. Wenn man eine Aufnahmeprüfung nicht besteht oder ein Tennismatch verliert, kann das Gefühle des Versagens hervorrufen und uns dazu bringen, an unseren Fähigkeiten zu zweifeln.

Für viele bestimmt das Maß an Achtung oder Anerkennung, die sie von anderen bekommen, wieviel Achtung oder Anerkennung sie für sich selbst empfinden. Genauso, wie unser Körper in einem Spiegel reflektiert wird, können wir sehen, wie sich unser Wert in den Augen anderer spiegelt. Auf der Suche nach Selbstwert und bei dem Versuch, von anderen anerkannt zu werden, streben wir danach, den Idealen der Gesellschaft zu entsprechen. Wie besessen strecken wir uns nach den flüchtigen Eigenschaften aus, die unerläßlich sind für das Selbstwertgefühl. Wir quälen uns durch Kurse, die unser Selbstwertgefühl aufpolieren sollen und greifen nach allen möglichen Selbsthilfebüchern.

Wenn eine Frau dem gerade gängigen Ideal nicht entspricht, fühlt sie sich vielleicht gedemütigt. Möglicherweise fühlt sie sich wertlos, obwohl sie durchaus über normale Fähigkeiten verfügt. Das ist tragisch. Solange wir unseren Wert weiterhin an den Idealanforderungen der Gesellschaft messen, werden wir immer den einen oder anderen Bereich unseres Selbstwertes entdecken, wo wir uns unzulänglich fühlen.

Dies ist ein typischer Kreislauf. Frauen haben ein Verlangen danach, ihr volles Potential zu erreichen – sie möchten schöner, sportlich fiter, intelligenter werden. Aber wenn sie versuchen, ein Ideal zu erreichen, sind sie gezwungen, sich mit der Realität ihrer persönlichen Grenzen zu befassen. Jede von uns empfindet sich in irgendeinem Bereich ihrer Identität als unvollkommen – in unserem Aussehen, unserem familiären Hintergrund oder unseren Fähigkeiten. Diese Gefühle sind normal.

Die beste Quelle für ein gesundes Selbstwertgefühl

Haben Sie ein gutes Selbstwertgefühl? Und wenn ja, liegt es daran, daß Sie nach den Maßstäben der Gesellschaft hoch eingestuft werden? Oder haben Sie einen anderen Weg gefunden, um Ihren persönlichen Wert zu ermitteln?

Ich möchte Ihnen von einer Entdeckung berichten, die ich gemacht habe. Als ich meine Jagd nach guten Gefühlen aufgegeben und sie gegen eine Beziehung mit Gott eingetauscht habe, wurden mein Selbstbild und meine Gefühle mir gegenüber verändert.

Wenn ich mein Leben darauf ausrichte, Gott zu gefallen, wird mein Selbstwertgefühl nicht dadurch bestimmt, ob ich durchschnittlich, überdurchschnittlich oder unter dem Durchschnitt bin. Was ich von mir selbst halte, wird dann vielmehr davon bestimmt, wie Gott mich einschätzt.

Sehen Sie es einmal auf diese Weise: Wenn Sie Ihre Aufmerksamkeit von anderen weg und auf Gott richten, kann das die Art, wie Sie sich selbst sehen und empfinden, positiv verändern. Menschen haben die Tendenz, ihre Meinungen und Maßstäbe zu ändern. Aber wenn Sie dem Schöpfer, der Sie geschaffen hat, vertrauen und ihn zu Ihrem Maßstab machen, werden Sie sich aus seiner Perspektive sehen.

Eine gute Stelle, um herauszufinden, wie Gott Sie einschätzt, ist die Bibel – zum Beispiel Psalm 139. Wenn wir uns ansehen, wie Gott Menschen beschreibt, finden wir viele Worte, die Annahme und Liebe ausdrücken. Sie können lernen, in Gottes Annahme zu ruhen, anstatt nach der Anerkennung der Leute zu streben.

Sie sind geliebt. Lesen Sie, was Gott in Jeremia 31,3 sagt: „Ich habe dich je und je geliebt, darum habe ich dich zu mir gezogen aus lauter Güte." Gott liebt Sie so sehr, daß er Jesus Christus geschickt hat, um Sie von den Fesseln der Sünde und der Abhängigkeit von der Meinung anderer zu befreien.

Sünde wird definiert als die Entscheidung, Gott nicht zu gehorchen und auf unsere eigene, eigenwillige Weise zu leben. Jeder hat gesündigt; niemand ist vollkommen. Sünde führt zur Trennung von Gott. Aber als Christus am Kreuz starb und aus dem Grab auferstand, zahlte er die

Strafe für unsere Sünden. Er starb für Sie. Im 1. Brief des Petrus, Kapitel 1, Vers 18-19, steht: „Ihr wißt, um welchen Preis ihr freigekauft worden seid, damit ihr nun nicht mehr ein so sinn- und nutzloses Leben führen müßt, wie ihr es von euren Vorfahren übernommen habt. Nicht mit Silber oder Gold seid ihr freigekauft worden – sie verlieren ihren Wert –, sondern mit dem kostbaren Blut eines reinen und fehlerlosen Opferlammes, dem Blut Christi" (Gute Nachricht). Das zeigt, wie wertvoll Sie ihm sind.

Ich verstehe das so, daß Jesus nicht nur kam, um für unsere Sünden zu zahlen, sondern auch, um uns zu zeigen, wie wir leben sollen. Wenn Sie seine Vergebung annehmen, dann macht er Sie fähig, Ihre Wertmaßstäbe an das anzupassen, was Gott gefällt.

Er sorgt auch dafür, daß Ihre tiefen Bedürfnisse nach einem guten Selbstwertgefühl gestillt werden. Er versichert Ihnen, daß Sie zu ihm gehören, und seine Vergebung stellt Ihr Selbstwertgefühl wieder her. In einer liebenden Beziehung mit ihm können Sie Heilung von den inneren Wunden empfangen, die Ihnen durch negative Kindheitserlebnisse geschlagen worden sind.

Eine dauerhafte Identität

Wir haben uns zu Anfang dieses Kapitels mit den verschiedenen Aspekten unserer Identität befaßt. Wir haben die Botschaften untersucht, die wir unseren Familienfotoalben, Erinnerungen, Geschichten und Erfolgen entnehmen können. Aber vielleicht haben Sie kein Fotoalbum, keine Familiengeschichten oder persönlichen Erfolge. Vielleicht erzeugen Ihre Erinnerungen nur Gefühle der Ablehnung durch die Familie oder Ihre Freunde oder beide.

Oder vielleicht sind Ihre Babybücher voll mit Hinweisen darauf, wie sehr sie geliebt und akzeptiert waren, aber sie fühlen sich absolut nicht dazugehörig. Wer sagt Ihnen, daß Sie etwas wert sind, wenn Ihre Familie und Ihre Freunde nicht da sind?

Gott hat bewiesen, daß Sie etwas wert sind, indem er Jesus sandte, um für Ihre Sünden zu sterben. Wenn Sie seine Vergebung annehmen, dann werden Sie als Gottes eigenes Kind adoptiert. „... Allen aber, die ihn aufnahmen und an seinen Namen glaubten, denen gab er Macht, Gottes Kinder zu werden." (Johannes 1,12). Um Jesus als Ihren Retter anzunehmen, müssen Sie Gott nur Ihre Sünde bekennen und ihn um Vergebung bitten. Als ein Kind Gottes werden Sie alle Privilegien Ihrer neuen Identität genießen – eine Beziehung mit einem perfekten und liebenden himmlischen Vater, die Gemeinschaft anderer Christen, eine innere Fähigkeit, ein Leben nach Gottes Willen zu führen.

Emily, die schüchterne werdende Mutter, empfing schließlich das Geschenk der Erlösung. Drei Monate, bevor ihr Baby geboren wurde, wurde sie ein Kind Gottes. Er veränderte sie innerlich, und das zeigte sich auf ihrem Gesicht. Ihre blauen Augen strahlten, als sie sagte: „Das Wissen, daß Gott mich liebt, fegt alle meine Gedanken, daß ich ein nutzloser Niemand sei, beiseite. Ich fühle mich frei, weil ich weiß, daß ich ihm etwas bedeute und daß er mich haben will, obwohl ich nicht perfekt bin."

Eine Frau aus der Gemeinde hat jede Woche mit Emily die Bibel studiert, und daraus entwickelte sich eine Freundschaft. Diese Frau erzählte Emily nicht nur viel von Gott, sondern sie zeigte ihr auch, wie man eine bessere Frau, Ehefrau und Mutter sein kann – ja, sogar das Kochen brachte sie ihr bei. Die Beziehung zu Christus befreite Emily von Angst. Ihre neue Sicherheit ließ verborgene Stärken sichtbar werden, und sie wurde eine ganz neue Frau.

Ein neues Image

Wenn wir Christus nachfolgen, nimmt unsere Selbstachtung zu. Die moderne Gesellschaft betont vor allem eine angesehene familiäre Herkunft oder äußere Attraktivität als Voraussetzung für ein gelungenes Leben. Aber wenn wir zu Gott gehören, haben wir andere Prioritäten. Wir passen unsere Wertmaßstäbe den seinen an, indem wir uns mehr darauf konzentrieren, wie wir leben und andere lieben können, als wie wir aussehen. Wir werden nach Möglichkeiten suchen, wie wir unsere Talente statt für uns selbst für Gott einsetzen können. Wenn Sie das Leben Christi studieren, werden Sie in ihm ein dynamisches Rollenmodell sehen. Sie werden erfahren, daß seine irdische Herkunft und sein Aussehen niedrig und nicht besonders ansprechend waren. Aber er war sicher in seiner Identität. „Er hatte keine Gestalt und Hoheit. Wir sahen ihn, aber da war keine Gestalt, die uns gefallen hätte. Er war der Allerverachtetste und Unwerteste, voller Schmerzen und Krankheit. Er war so verachtet, daß man das Angesicht vor ihm verbarg; darum haben wir ihn für nichts geachtet" (Jesaja 53,2b-3). Und doch wußte Jesus, wer er in seiner Beziehung zum Vater war. Er war sich seiner Identität stets sicher. Sie diente ihm als Grundlage seines Dienstes, als er kühn die Wahrheit verteidigte, furchtlos seinen Feinden gegenübertrat und liebend sein Leben für uns gab.

Wenn Sie ein Kind Gottes werden, werden Sie eine neue Person (2. Korinther 5,17). Gott verwandelt Ihr inneres Wesen. Ihr neues Ich wird mit Christus gleichgesetzt. Indem Sie sich mit Christus identifizieren, vervollständigen Sie Ihr Selbstbild. Eine Frau, die nach dem Bilde Gottes geschaffen ist, mit einem unverwechselbaren familiären Erbe, einzigartig in ihrem Aussehen, ihrer Persönlichkeit und ihren Fähigkeiten, ist in ihrem tiefsten Inneren geistlich verändert. Eine solche Frau ist ein heiler Mensch.

An Tagen, an denen ich mich unbedeutend fühle, denke ich an dieses neue Bild. Mir wird bewußt, wie außergewöhnlich die Beziehung ist, die ich jetzt zu Christus habe. Immer wenn ich mein Bild in einem Spiegel sehe und mir voller Zweifel die Frage stelle: *Wer bin ich?* erwidere ich: Ich bin eine Frau, die einzigartig im ganzen Universum ist, und ich kenne meinen persönlichen Wert, weil ich von Gott geliebt werde und in Christus eine ganzheitliche Persönlichkeit bin.

In einer dynamischen Beziehung zu Christus, der wie ein guter Hirte sagt: „Du gehörst zu mir“, fühlt sich eine Frau sicher. Diese Beziehung setzt Kräfte frei, um zu reifen, kreative Fähigkeiten und Talente zu entdecken und verschiedene Möglichkeiten auszuprobieren, um dieses Potential zu nutzen. Und vor allem macht diese Beziehung den Weg frei, in Harmonie mit den eigenen Gefühlen zu leben.

2. Stolpersteine

Machen Sie emotionale Reife zu Ihrem Ziel

Ganz allmählich wurde es mir bewußt: Wir zogen tatsächlich vom mittleren Westen in den tiefen Süden. Abschiedsgedanken riefen Wellen der Nostalgie in mir hervor und ließen meine Gefühle auf und ab schwanken. Gerade noch lachte ich wegen einer Erinnerung an alte Zeiten, und im nächsten Augenblick brach ich wegen derselben Erinnerung in Tränen aus. In ruhigeren Momenten quälte mich eine bohrende Frage: Würde ich mich auf eine solche geographische Veränderung einstellen können? Mein Leben war so mit dem Rhythmus der sich abwechselnden Jahreszeiten verwoben, daß ich genau voraussagen konnte, was ich von Woche zu Woche tun oder wie ich mich fühlen würde.

Ich fühlte mich wohl in diesem Fluß des Lebens. Mit diesem Teil des Landes war ich verbunden. Die freundliche Stadt war unser Zuhause. Hier waren unsere drei Kinder geboren, aufgewachsen und verwurzelt in Beziehungen und Erlebnissen. Selbst der Gedanke daran, die vertrauten Gesichter der Bankbeamten und der Verkäufer zurückzulassen, beunruhigte mich. Wenn ich an meine besten Freunde dachte, fragte ich mich: *Wie kann ich von Menschen getrennt werden, mit denen ich mich so eng verbunden fühle – mit denen ich mein Leben geteilt habe?*

Die Menschen in der Gemeinde, deren Pastor mein Mann war, waren siebenundzwanzig Jahre lang meine Familie gewesen, und ich fühlte mich ihnen sehr verbunden. Wir waren gemeinsam erwachsen geworden und hatten uns gegenseitig Lektionen im Lieben und Vergeben beigebracht. Jetzt hatte mein Mann die Einladung angenommen, eine Gemeinde in einem anderen Teil des Landes zu übernehmen und darüber hinaus eine Winter-Bibelschule zu leiten. Wie sollte ich nach so vielen glücklichen Jahren in derselben Gemeinde eine solche Veränderung verkraften?

Neue Umstände

„Du mußt tapfer sein." Diesen Rat gab mir meine Mutter oft, wenn ich vor einer neuen Situation stand oder wenn etwas weh tun würde – wie zum Beispiel die Entfernung meiner Mandeln. Nun, da unser Umzug und damit verbundene Veränderungen kurz bevorstanden, brauchte ich eine große Portion Mut.

Jede Veränderung, vor der wir stehen, erregt unsere Gefühle. Bei einer neuen, herausfordernden Arbeitsstelle sind wir aufgeregt und begeistert zugleich; das Altern kann uns Angst einjagen; und Veränderungen, die mit einem Verlust verbunden sind, stimmen uns in der Regel traurig. Der Gedanke an frühere Veränderungen half mir persönlich zu sehen, wie wichtig es war, mutig zu sein. Mir fiel wieder ein, wie ich emotionale Kraft aufbringen konnte. In diesem Zusammenhang mußte ich an ein Ereignis denken, das mir noch sehr lebhaft in Erinnerung war: meine erste Übernachtung bei Beverlys Familie.

Beverly war eine Schulfreundin, die so abenteuerlustig war, wie ihre Haare rot waren. Nichts konnte ihren Freiheitsdrang bremsen, voller Entdeckungsfreude erkundete sie ihre Welt, und ich war ihre Gefährtin. Jeden Tag ging ich die Gasse hinter unserem Haus entlang und folgte dem schmalen Weg um ihre Garage herum, um mich an ihrer Haustür mit ihr zu treffen. Wir gingen nicht nur gemeinsam zur Schule, wir machten auch alles andere gemeinsam: wir flüsterten in der Klasse miteinander, gingen nach der Schule zusammen die acht Häuserblocks nach Hause, zogen uns unsere Spielkleidung an und kletterten gemeinsam auf die Bäume in unserem Hinterhof.

Ich erinnere mich noch an einen Freitag, als meine Mutter sagte, ich dürfte bei Beverly übernachten. Mir war klar: Wenn ich die Einladung erst einmal angenommen hatte, gab es kein Zurück mehr. Mutter erinnerte mich: „Rufe nicht hier an und bitte mich, zu kommen und dich zu holen. Sei tapfer. Du wirst die Nacht durchstehen."

Ich weiß noch, wie erstaunt ich war, als Beverly ihrer Mutter eine patzige Antwort gab, und die Mutter ihr drohte, sie mit einem Holzlöffel zu verhauen. Ich war verwirrt, als es keine feste Zeit zum Ins-Bett-Gehen oder zum Essen gab. Wir konnten essen, was wir wollten und wann wir wollten. Meine Unsicherheit wurde zu Unbehagen, als Beverly und ich uns endlich im Bett zusammenkuschelten. Spät an jenem Abend in Beverlys fremdem Schlafzimmer beeindruckten mich weder rote Haare noch Abenteuer. Ich wollte zu Hause sein, in meinem eigenen Bett, und mit meiner älteren Schwester zusammen schlafen.

Als ich so im Bett lag, konnte ich in Gedanken meine Mutter sehen, wie sie in ihrem Sessel im Wohnzimmer saß, stickte und mit meinem Vater sprach. Ich konnte ihre sanften braunen Augen vor mir sehen und den winzigen Leberfleck auf ihrer rechten Wange, und ich konnte hören, wie sie sagte: „Sei tapfer. Diese eine Nacht schaffst du." Diese Vorstellung half mir schließlich, in jener ungewohnten Situation einzuschlafen.

Was macht Ihnen Mut? Ist es die aufmunternde Stimme von jemand oder eine angenehme Erinnerung? Hilft Ihnen eine bestimmte Vorstellung in Momenten der Angst?

Mut ist ein Aspekt emotionaler Reife. Es ist der feste Entschluß, Schwierigkeiten standzuhalten. Wenn wir uns in Gedanken auf etwas konzentrieren, das uns sehr viel bedeutet, oder an die Worte eines weisen Menschen denken, kann uns das innere Kraft geben und Ängste abbauen. Bei unserer emotionalen Entwicklung spielen wir eine aktive Rolle. Indem wir es üben, in den verschiedenen Situationen die richtigen Gedanken zu haben, ändern wir unsere Gefühle und lernen, in Frieden mit ihnen zu leben.

Genau wie körperliches Wachstum kommt auch emotionale Reife nicht einfach von allein. Wir spielen eine aktive Rolle. Wenn wir unsere Gedanken mit guten und gesunden Eindrücken füllen, unterstützen wir damit die Veränderung unserer Gefühle oder vermindern ihre Intensität. Ein Leben in Frieden mit unseren Gefühlen entwickelt sich daraus, daß wir es üben, die richtigen Gedanken zu denken.

Neue Beziehungen

Das Wachsen zu emotionaler Reife schließt nicht nur die mutige Anpassung an neue Situationen ein. Wir müssen es auch lernen, uns auf neue Beziehungen einzustellen. Wenn wir jung sind, bieten uns unsere Großeltern, Brüder, Schwestern und Freunde Gelegenheit, wechselseitige Beziehungen zu pflegen. Dabei erfahren wir auch etwas über uns selbst. Durch diese frühen Beziehungen lernen wir den Umgang mit unterschiedlichen Persönlichkeiten. Jede Erfahrung in Beziehungen und im Anpassen bereitet uns für die tiefe Beziehung mit jener einen Person vor, mit der wir uns in der Ehe vereinen.

Wenn Sie bereits verheiratet sind, werden Sie sich daran erinnern, wie diese Beziehung begann. Ich war ein Teenager und befand mich in einem christlichen Ferienlager, als ich sah, wie der Mann meiner Träume vor meinen Augen Gestalt annahm. Er sah genauso aus, wie ich ihn mir seit meinem zehnten Lebensjahr vorgestellt hatte. Und er war real, mit wunderschönen, durchdringenden Augen, die direkt in mein Herz zu blicken schienen.

Die ganze Woche lang beobachtete ich ihn, wie er mit anderen sprach, wie er einen Football warf und wie er den Strand entlang ging. Ich saß sogar an einem Tisch, von wo ich ihn bei den Mahlzeiten sehen konnte und beobachtete, wie er aß und wie er lachte.

Gegen Ende der Woche bat er mich, im Gottesdienst neben ihm zu sitzen. Hinterher tranken wir ein Milchmix zusammen und gingen den Weg zum Lake Michigan hinunter. Wir unterhielten uns im Mondschein, und auf dem Rückweg zur Blockhütte hielten wir uns an den Händen. An jenem Abend fiel es mir schwer, einzuschlafen, denn ich dachte ständig an seine Augen und fragte mich, ob er gemerkt hatte, wie schnell mein Herz schlug und wie sehr ich mich von ihm angezogen fühlte.

Nach vielen Briefen und zwei Collegejahren später überraschte er mich eines Abends. Die Sonne ging gerade unter, und wir standen im Eingang zum Rohbau des Gemeindekindergartens (es war der Kindergarten jener Gemeinde, deren Co-Pastor er später gemeinsam mit seinem Vater sein würde), als Dave mich bat, ihn zu heiraten. Ich war völlig überrascht, denn ich war noch Studentin. Dennoch war ich mir recht sicher, daß ein „ja" die beste Entscheidung wäre, die ich jemals treffen würde. Im August desselben Jahres verbrachten wir unsere Flitterwochen in jenem Ferienlager, wo wir uns kennengelernt hatten. Unsere Liebesgeschichte war zum Ausgangsort zurückgekehrt.

Aber unsere idyllische Beziehung war angespannt, und meine romantischen Gefühle kamen ins Schwanken, als wir unsere erste Meinungsverschiedenheit hatten. Wir kämpften mit unterschiedlichen Schlafgewohnheiten. Daves innere Uhr war auf die späten Abendstunden eingestellt und meine auf den Morgen. Wir mußten uns beide anpassen. Und wir brauchten eine lange Zeit, um diese „recht-zeitigen" Schwierigkeiten zu überwinden.

Neue Verantwortung

Der beste Maßstab für Reife ist die Fähigkeit, sich anzupassen. Ich hatte die naive Vorstellung, daß ich diesem Maßstab entspräche. Ich hatte zwei Schwestern und eine Zimmerkameradin im College gehabt, mit denen ich gestritten und an die ich mich angepaßt hatte. Aber es war neu für mich und viel schwerer, eine Lösung für ein Problem zwischen mir und meinem Mann zu finden. Wir waren ein verliebtes Ehepaar, und ich wollte unsere Nähe nicht zerstören. Ich mußte noch viel lernen.

In der Ehe lautet das Ziel, sich mit dem Partner zu arrangieren und einen gemeinsamen Weg zu finden. Das ist eine schwere Aufgabe; sie erfordert ein hohes Maß an Flexibilität. Wir sind anpassungsfähig, wenn wir uns leicht an neue Ideen oder Veränderungen gewöhnen können, uns rasch von dem Schock des Neuen erholen und wieder ein gesundes Gleichgewicht unserer Gefühle erreichen. Um zu lernen, wie man seine Selbstsucht ablegt und das Bett mit dem Ehemann teilt, braucht man lebenslange Flexibilität.

Kaum verändert sich ein Bereich unserer Ehe, schon kommen weitere Veränderungen hinzu, weil wir durch neue Lebensumstände bedingt neue Verantwortung übernehmen. Das Fertigwerden mit dem Druck zur Anpassung kommt mir vor wie das Ausweichen vor den Bällen, die in rascher Folge vom Hebel eines Flipperautomaten abgeschossen werden. Kein Wunder, daß wir uns unsicher fühlen, wenn wir vor einer Vielfalt von neuen Anforderungen stehen.

Ich war überwältigt, als Dave und ich aus unserem sicheren kleinen Appartement im College in seine Heimatstadt umzogen. Wir hatten die ersten neun Monate unserer Ehe nur für uns gelebt. Plötzlich änderte sich unser Leben radikal. Viele Menschen traten in unser Leben. Seine Familie, seine Freunde und die Gemeindemitglieder waren neu für mich, und genauso neu waren mir seine langen Arbeitstage. Er stürzte sich eifrig in die neue Aufgabe als Zweitpastor in der Gemeinde seines Vaters, und ich fühlte mich unsicher in der mir unbekannten Rolle als Pastorenfrau. Es war eine völlig neue Erfahrung für mich, daß die Leute jede Einzelheit meines Lebens beobachteten und offen ihre Meinung über mich äußerten.

Dann bekam ich Babys – zwei kleine Mädchen, dreizehn Monate auseinander. Der Haushalt und die Babys waren Verantwortungen, die mir mehr körperliche und emotionale Energie abverlangten, als ich erwartet hatte. Windeln wechseln, Säuglingsnahrung vorbereiten, das Tablett des Hochstühlchens säubern und den Fußboden wischen, wenn etwas verkleckert war – es war eine mühselige Plackerei. Nie schien ich Zeit für mich selbst zu haben. Oft fühlte ich mich so wie in jener Nacht bei Beverly. Ich wollte in das Zuhause meiner Kindheit zurückkehren. Ich wollte unsere beiden Babys eine Weile beiseite tun. Ich wollte wieder Hausfrau spielen wie damals in den ersten Monaten unserer Ehe.

Haben Sie nicht auch manchmal den Wunsch, wieder sorglos zu leben? Ich glaube, wir alle würden manchmal am liebsten alles hinschmeißen und wieder in unsere Kindheit zurückkehren, aber „Zum Aufgeben ist es noch zu früh." Das war ein Satz, den Dr. V. Raymond Edman häufig vor uns Studenten zitiert hatte, als er Präsident des Wheaton College war, und diesen Satz habe ich mir in den langen Nächten, in denen ich unsere Babys versorgte, immer wieder selbst gesagt.

Eine emotional reife Frau braucht bei der Erfüllung ihrer Aufgaben die Fähigkeit, dran zu bleiben. Beharrlichkeit schließt ein, daß man sowohl Unannehmlichkeiten als auch Entbehrungen in Kauf nimmt. Es ist eine innere Einstellung. In Zeiten der Not taucht sie auf und befiehlt Seele und Leib mit Nachdruck: „Halte durch!" Oder sie kriecht mit einem leisen Flüstern in die Gedanken: „Zum Aufgeben ist es noch zu früh."

Die Zeilen einer schottischen Ballade, die Ronald Reagan 1976 nach seiner Wahlniederlage in einer Rede zitierte, drücken sehr stark diese Haltung des Dranbleibens aus: „Leg mich hin und blut ein wenig. Bin verwundet, doch nicht tot ... Ich steh' wieder auf und kämpf'." Das drückt die Haltung triumphierender Entschlossenheit aus.

Ob sie für ihre Familie sorgt, ihren Haushalt führt oder ihre Talente und Begabungen einsetzt – eine reife Frau bleibt dran und erledigt ihre Aufgaben. Sie ist beharrlich.

Unsere wirklichen Bedürfnisse

Entschlossenheit und Beharrlichkeit können uns als Mutter durch viele Routinetage oder auch Tage harter Arbeit in einem Beruf tragen. Aber sehnen Sie sich nicht nach mehr? Nach einer besonderen Qualität in Ihren Arbeitstagen? Nach Gefühlen tiefer Zufriedenheit?

Mir ging es so. Ich wollte zufrieden vor mich hinsummen, während ich durch den Tag ging. Aber mir fehlte die Kraft dazu. Kinder kann man mit schönen Preisen locken, Teenager mit romantischen Gefühlen. Welches Ziel kann uns für die Routine des Erwachsenenlebens inspirieren?

An einem wolkigen Morgen sah ich nach dem Frühstück zu, wie Dave in unserem Auto zur Gemeinde wegfuhr. Dabei beobachtete ich, wie meine Nachbarin ihren eigenen Wagen rückwärts aus der Einfahrt fuhr. Neben ihr auf dem Vordersitz saß ihre Mutter, und ihre beiden lächelnden Kindergartenkinder waren auf den Rücksitzen. Der Anblick dieser fröhlichen Familie weckte mit Macht jene Gedanken und Gefühle, die ich schon einige Monate lang ab und an gehegt hatte. Meine Gefühle waren so intensiv, daß ich sie kaum zu sortieren vermochte – Gefühle, die ich jetzt als Einsamkeit, Langeweile und Sinnlosigkeit erkenne.

An jenem Tag kniete ich mich verzweifelt vor mein Bett, legte meinen Kopf auf die vertraute Tagesdecke und bat Gott inständig: „Vergib mir, daß ich das, was ich am meisten brauche, vernachlässigt habe: deine Hilfe!"

Mir ist klar, daß meine Lage nicht so verzweifelt war, wie die Situationen, in denen sich viele Frauen befinden. Dennoch, ich war einsam, fühlte mich isoliert und brauchte innere Stärke. Seit diesem Vorfall begann ich, Gott regelmäßig zu suchen und eine ständige Beziehung zu ihm aufzubauen.

Als Ergebnis schenkte er mir ein Verlangen danach, die Bibel zu studieren, und ich begann, in geistlicher Erkenntnis zu wachsen. Die Worte Gottes ernährten den Kern meines Wesens; sie flossen in meine Gedanken und Gefühle, und dadurch wurde wiederum mein Körper erfrischt. Ich empfand diesen Vorgang als belebend.

Meine Verpflichtungen blieben dieselben, aber in meinem Inneren ging eine Veränderung vor sich – eine Veränderung der Gefühle. Ich bekam einen neuen Frieden, Freude und ein Zielbewußtsein. Ich begann, mich auf etwas zu konzentrieren, was außerhalb von mir lag, so, wie ich es bei Beverly getan hatte. Aber dieses Mal richtete ich meine inneren Augen nicht auf meine Mutter, sondern auf Jesus Christus.

Die Bibel zu studieren war, als sähe ich in einen Spiegel. Gottes Worte erinnerten mich daran, daß ich zu ihm gehörte und daß er bereit war, mir jeden Tag und jede Nacht hindurchzuhelfen – ja, sogar durch mein ganzes Leben. Diese neuen Erkenntnisse änderten meine Sicht dafür, wie ich mit den täglichen Kämpfen fertig werden konnte. Ich gewann eine neue Perspektive. Ohne diese geistliche Dynamik, das war mir inzwischen klar, waren Mut, Anpassungsfähigkeit und Beharrlichkeit unzureichende menschliche Hilfsquellen.

Durch meine erneuerte Beziehung zu Christus rückte das Konzept der Reife noch stärker in mein Blickfeld. Wir sind wie Wolken ohne Regen, wenn wir ohne Christus versuchen, zu emotionaler Reife zu gelangen. Er schenkt uns die Fähigkeit, geistliche Energie zu bekommen, durch die unser Streben nach Reife unterstützt und gestärkt wird. Er befähigt uns, die verschiedenen Dimensionen emotionaler Ganzheit zu erlangen. Unsere Beziehung zu ihm verleiht uns Mut. Seine Kraft gibt uns Zuversicht und befähigt uns, tapfer zu sein.

Geistliche Energie besitzen

Der Impuls zu christlicher Reife wird freigesetzt, wenn wir mit Gott zusammenarbeiten. Unsere Beteiligung daran umfaßt einen Prozeß, zu dem zwei Schritte gehören: Gottes Wort kennen und dieser Erkenntnis gehorsam sein. Wenn wir in eine Beziehung mit Gott eintreten, lebt sein Vertreter, der Heilige Geist, in uns. Der Heilige Geist hat unter anderem die Aufgabe, uns so zu leiten, daß wir gemäß unserer Kenntnis von Gottes Wort handeln. Daß ein inneres Drängen vom Heiligen Geist ist, merken wir daran, wenn die innere Überzeugung nicht gegen die Bibel steht, sondern mit ihr übereinstimmt. Der reife Christ hat es gelernt, die Stimme des Geistes zu erkennen und folgt dieser Stimme. Dadurch bringt der Heilige Geist Frucht – oder auch Qualitäten – im Leben eines Christen hervor: Liebe, Freude, Friede, Geduld, Freundlichkeit, Güte, Treue, Sanftmut und Selbstkontrolle (Galater 5,22-23).

Mit anderen Worten, es ist unsere Verantwortung, die Bibel zu lesen, auswendig zu lernen und über ihr zu meditieren. Diese Aktivitäten sind unerläßlich, weil Gott sie benutzt, um uns die Wahrheit zu lehren und uns zu zeigen, wie wir sie auf unser Leben anwenden können. Seine Worte und Gedanken sind machtvoll. Sie erschaffen gesunde Haltungen in uns, die wiederum unsere Gefühle und sogar unseren Körper beeinflussen. In Situationen der Angst oder der Not können wir uns an Gottes Wort wenden und uns daraus innere Stärke holen.

Der Gehorsam dem gegenüber, was Gott von uns möchte, ist eine schwierigere Aufgabe, denn daran ist unser Wille beteiligt. Die Anweisungen der Bibel scheinen manchmal genau das Gegenteil von dem zu sein, was wir gern tun würden. Aber im Gegensatz zu unseren Gefühlen, die sich verändern, sind Gottes Prinzipien unwandelbar. Es ehrt Gott und ist nützlich für uns, wenn wir ihnen gehorchen.

Ein Beispiel, an dem man diesen Konflikt zwischen unseren Gefühlen und Gottes Wort vielleicht am besten sehen kann, ist, wenn wir lesen: „So laßt uns nun durch ihn allezeit Gott das Lobopfer darbringen, das ist die Frucht der Lippen, die seinen Namen bekennen“ (Hebräer 13,15). Lobpreis ist unsere dankbare Reaktion auf Gottes Größe. Wir beten Gott an und danken ihm, daß er so ist, wie er ist. Aber wer fühlt sich schon danach, Gott zu preisen, wenn das Leben trübe, schwer oder unbequem ist?

Manchmal verspüren wir keine Inspiration, Gott zu preisen. Aber selbst wenn wir das Gefühl haben, die Routine des Lebens erdrückt uns, oder wenn wir eine Verantwortung tragen, die uns lästig erscheint – Gottes Wort sagt, daß wir ihn preisen sollen. Dadurch, daß wir Gott in schlechten wie in guten Zeiten preisen, werden wir daran erinnert, daß wir uns ihm hingegeben haben. Lobpreis verwandelt unser Klagen über unüberwindliche Aufgaben oder schlichte Langeweile in Dankbarkeit dafür, wer Gott ist und was er für unseren inneren Menschen tun wird, sogar inmitten widriger Umstände.

Der Autor Alexander Solschenizyn, der acht Jahre in Stalins Arbeitslagern verbrachte, hat gesagt:

> *„Lebt in ruhiger Überlegenheit gegenüber dem Leben – fürchtet nicht das Unglück und sehnt euch nicht nach Glück, 's ist ja einerlei. Das Bittere währt nicht ewig, und an Süßem wird das Maß nicht voll. Seid zufrieden, wenn ihr nicht friert, wenn Hunger und Durst euch nicht die Innereien zerreißen. Wenn euch das Rückgrat nicht gebrochen ist, wenn ihr auf beiden Beinen geht, mit beiden Händen zugreifen, mit beiden Augen sehn und mit beiden Ohren hören könnt ...“*[1]

Solschenizyns Beschreibung von Entbehrung und Leiden bringt uns zu der Erkenntnis, daß wir immer etwas haben, wofür wir dankbar sein können, selbst wenn es nur das ist, daß wir keine ernsthaften Sorgen haben. Der Apostel Paulus lehrt in Philipper 4 eine ähnliche Haltung, aber er geht noch einen Schritt weiter. Aus einer Gefängniszelle läßt Paulus einen Aufruf an die Christen ergehen, nicht nur ihre Segnungen neu zu bedenken, sondern sich inmitten ihrer schwierigen Lage zu freuen. „Freut euch im Herrn allezeit, und abermals sage ich: Freut euch!“ (Philipper 4,4).

In welchen schwierigen Situationen sollen Sie sich freuen? Scheint Ihre finanzielle Lage hoffnungslos zu sein? Leben Sie in einer feindlichen Umgebung? Hat ein geliebtes Mitglied Ihrer Familie eine gefährliche Krankheit?

Vor einigen Wochen mußte ich unsere fünfzehnjährige Tochter Debbie nach einem Unfall auf dem schnellsten Weg ins Krankenhaus bringen. Ich kann mich immer noch an die Panik erinnern, die ich verspürte. Nach der Untersuchung wurde sie für die Operation vorbereitet. Während ich auf die Auskunft über den Erfolg der Operation wartete, war ich gequält von Sorgen um ihr Leben. Dann betete ich und bat Gott, sie zu schützen und sie seine Gegenwart spüren zu lassen. Ich konnte nichts für Debbie tun. Aber ich freute mich, daß Gott da war, um ihr zu helfen – und um mich zu beruhigen.

Ich weiß jetzt, daß es das war, was Paulus meinte, als er uns zur Freude aufforderte. Ich konnte mich freuen, daß Gott in dieser Situation vertrauenswürdig war, obwohl die Situation selbst schrecklich war.

Gott freut sich, wenn er gepriesen wird – und es ist auch für uns gut! Wenn wir unsere Gedanken auf Gott konzentrieren, wird unser Sinn erfrischt, denn dadurch werden negative Gedanken vertrieben. Die Vorstellung von Gottes Güte kann inspirierend und richtungsweisend für uns sein. Wenn wir Gott preisen, wird unser Geist erneuert und unsere Gefühle verändern sich.

Wenn wir uns Gott mit einem „Dankopfer" hingeben, geht das weit über positives Denken hinaus: Wir treten in die geistliche Dimension ein. Durch den Heiligen Geist stärkt uns Gott, rüstet er uns mit Vollmacht aus und bringt in uns eine Fülle von Liebe, Freude, Frieden und geistlicher Frucht hervor.

Eine wechselseitige Beziehung mit Gott wird in einer Frau sichtbar, die bei der Erfüllung ihrer täglichen Pflichten ein gelassenes, freundliches Wesen ausstrahlt. Innere Ruhe, wenn sie vor Aufgaben steht, selbst wenn es Rückschläge gibt, ist ein Spiegelbild ihrer Hingabe an den Heiligen Geist. Sie ist nicht gleich erregt, wenn sie gegen Schwierigkeiten ankämpft, denn sie vertraut Gott, daß er ihr in jeder Situation hilft.

Ich beobachtete diese Haltung an einer der Krankenschwestern, die mich pflegten, als ich nach der Geburt unserer ersten Tochter im Krankenhaus lag. Einige der Schwestern waren grob, hatten eine barsche Art, beklagten sich und beschuldigten andere. Aber diese Schwester arbeitete auf eine erfrischend ruhige Weise, trug ein Lächeln auf den Lippen und berührte die Patientinnen auf sanfte Art. Eines Morgens, es war noch sehr früh, sprach ich sie daraufhin an.

„Ich habe zu Hause vier Kinder", sagte sie ruhig. „Drei von ihnen sind in der Schule, das jüngste im Kindergarten, das älteste in der dritten Klasse. Das vierte ist behindert. Wir brauchen das Geld, das ich verdiene, für die Extraausgaben, die dadurch entstehen. Sonst wäre ich gar nicht hier.

Bevor ich am Morgen meine Füße auf den Boden setze, preise ich Gott. Ich beginne, indem ich für jedes unserer Kinder danke und mich und die Ereignisse des Tages ihm übergebe. Wenn ich hier im Krankenhaus arbeite, bete ich für jeden Patienten, wenn ich von Zimmer zu Zimmer gehe. Ich glaube, daß ich Gottes Agent der liebenden Fürsorge bin, solange ich hier arbeite."

Eine neue Perspektive für die Ehe

In welchen Bereichen Ihres Lebens fällt es Ihnen schwer, Gott zu gehorchen? Ist es schwierig für Sie, ihn ständig zu preisen? Können Sie sich leicht auf andere Menschen einstellen? Und was noch wichtiger ist: Stellen Sie sich so auf Ihren Ehemann ein, daß Gott Einheit in Ihrer Beziehung bauen kann? Petrus ermutigt alle Ehefrauen, diesen Gehorsam zu zeigen, aber ganz besonders Frauen, die mit Ungläubigen verheiratet sind. „Ebenso sollt ihr Frauen euch euren Männern unterordnen, damit auch die, die nicht an das Wort glauben, durch die Lebensführung ihrer Frauen ohne Worte gewonnen werden, wenn sie sehen ...“ (1. Petrus 3,1).

Es ist bereits einige Jahre her, daß Laura mich das erste Mal anrief. Sie weinte und machte sich große Sorgen um ihre Ehe. Weil wir miteinander telefonierten, konnte ich sie nicht sehen, aber ich stellte sie mir in Gedanken vor. Sie war immer gut zurechtgemacht und hatte perfekt frisiertes Haar. Sie mußte tadellos gekleidet sein. Ich konnte beinahe den Duft ihres exquisiten Parfums riechen. Erst kürzlich hatte ich ihren Mann kennengelernt, einen abenteuerlustigen Naturburschen. Ich hatte den Eindruck, daß ihre unterschiedlichen Lebensstile und Geschmäcker die Ursache ihrer Probleme waren.

Sie sagte: „Mein Mann und ich leben uns auseinander. Ständig gibt es Ärger wegen seines Motorradfahrens. Er will, daß ich auf dem Sozius seines Motorrads sitze und mit ihm Wochenendtouren unternehme. Erstens würde ich dadurch den Gottesdienst verpassen. Und Motorradfahren würde bedeuten, daß ich einen Helm über mein Haar stülpen und Hosen tragen müßte – und ich mag beides nicht. Wie soll ich in so einer Aufmachung attraktiv aussehen und mich wohl fühlen? Ich würde schmutzig werden, wenn ich den ganzen Tag draußen herumfahre. Und noch schlimmer ist der Gedanke, daß seine Motorradkumpel uns begleiten würden.“

Es war wichtig, sich sofort um diese Beziehung zu kümmern. Sonst würde die Mauer der Verstimmung, die zwischen ihr und ihrem Mann gewachsen war, sich verfestigen und zu einem dauerhaften Zustand werden. Sie nahm sich 1. Petrus 3 zu Herzen und entschied sich, zu tun, was ihren nichtchristlichen Ehemann glücklich machen würde. Als erstes betete sie und sagte Gott, sie sei bereit, sich auf die Bedürfnisse ihres Mannes einzustellen. Dann holte sie sich etwas von Gottes Kraft, tat ihren Stolz und Eigenwillen beiseite und ordnete sich bewußt ihrem Mann unter, indem sie tapfer sein Motorrad bestieg.

In jenem Frühjahr fuhr sie jeden Samstag und Sonntag mit ihrem Mann Motorrad – bei Regen und Sonnenschein, steile, gewundene Straßen hinauf und schmale, enge Strecken entlang, in verschiedenen Gegenden Ohios. Zusammen mit den anderen Motorradfahrern hielten sie zum Mittag- und Abendessen in kleinen Städtchen auf dem Lande und aßen aus ihrem eigenen Picknickkorb – gegrillte Hähnchen und gebackene Leckereien, die sie vorbereitet hatte.

Eines Abends folgte sie ihrem Mann in einen feuchten, muffig riechenden, leeren Wohnwagen, wo sie zusammen mit einigen anderen Paaren die Nacht verbrachten. Als sie neben ihrem Mann in ihrem Schlafsack lag, spürte sie plötzlich seinen Arm. Während sie sich in seiner liebevollen Umarmung entspannte, hörte sie jene Worte der Liebe und Wertschätzung, nach denen sie sich so sehr gesehnt hatte. Ihr stilles Gebet war: *„Oh Gott, ich kann gar nicht glauben, daß ich hier bin. Aber vielen Dank, daß ich es bin.“*

In jenem Sommer begann ihr Mann, sonntags, wenn sie nicht gerade unterwegs waren, mit ihr in die Kirche zu gehen. Er suchte den Kontakt zu Menschen, die wie sie waren, denn es machte ihm Spaß, mit ihnen zusammen zu sein. Als es Herbst wurde und die Luft zum Motorradfahren zu kalt war, ging ihr Mann regelmäßig zur Kirche. Schließlich übergab er sein Leben Jesus Christus. Die attraktiven Charakterzüge, die er in seiner Frau sah, hatten zu dieser Reaktion geführt. Gott benutzte ihre Einstellung und ihr Verhalten, um seine Gefühle, sein Leben und ihre Beziehung zu ändern. Ihre Ehe trat in eine neue Phase der Gemeinsamkeit. Es war für sie wie eine Belohnung dafür, daß sie auf Gottes Verheißungen gesehen hatte.

Jahre später litt ihr Mann unter einer seltenen Krankheit, die Schmerzen in seinem Nervensystem hervorrief. Sie pflegte und tröstete ihn. Als er schließlich in ihren Armen starb, pries sie Gott unter Tränen für das Leben, das sie miteinander geteilt hatten. Sie war dankbar dafür, daß sie es gelernt hatte, sich ihrem Mann anzupassen. Nun würde sie diese Lektion brauchen können, um ihr zukünftiges Leben ohne ihn zu meistern.

In schweren Zeiten glauben

Wenn wir Schwierigkeiten durchleben, wird unser Glaube geprüft. Probleme in Beziehungen, der Verlust eines geliebten Menschen oder finanzielle Rückschläge sind nicht leicht. Aber statt Gott in schweren Zeiten anzuklagen und ihn zu verlassen, können wir in unserem Glauben reifen, wenn wir durchhalten.

Jakobus erklärte diesen Prozeß so: „Meine lieben Brüder, haltet es für lauter Freude, wenn ihr in mancherlei Anfechtungen fallt, weil ihr wißt, daß euer Glaube, wenn er sich bewährt, Geduld bewirkt. Die Geduld aber soll ihr Werk tun bis ans Ende, damit ihr vollkommen und ohne Tadel seid und keinen Mangel aufweist" (Jakobus 1,2-4).

Jede von uns erlebt Schwierigkeiten unterschiedlichster Art. Unsere Versuchungen können wie Straßenlaternen sein, die uns den Weg zu Gott weisen. Schwere Zeiten können uns zum Beten anregen und uns lehren, in gesunder Abhängigkeit von ihm zu leben. Wenn wir uns Gott ergeben, geschieht etwas tief in unserem Inneren.

Trost vom Heiligen Geist fließt über unseren Geist in unseren Sinn und beruhigt unsere Gefühle.

Eine Frau, die vom heiligen Geist getragen wird, erkennt man an diesem sanften Geist. Je größer ihre Probleme werden, um so stärker ist der Heilige Geist am Werk. Er bezeugt, daß sie schwere Situationen mit Gottes Hilfe meistert und nicht allein mit Willensstärke.

Sie werden es sich zur Gewohnheit machen wollen, der Überführung des Heiligen Geistes nachzugeben. Das Befolgen seiner Führung wird Sie zu einer wirklich reifen Frau machen. „Der Gott aller Gnade, der euch zu seiner ewigen Herrlichkeit in Christus Jesus berufen hat, der wird euch, die ihr eine kurze Zeit leiden müßt, aufrichten, stärken, kräftigen und auf einen festen Grund stellen." (1. Petrus 5,10).

Jedes Problem ist eine neue Gelegenheit, in dynamischer Kooperation mit Gott zu wachsen. Jedesmal, wenn Ihr Glaube bis zum äußersten gefordert wird, lernen Sie eine neue Lektion, wie man als Christ reift.

Meine gesammelte Lebenserfahrung im Tapfersein, Mich Anpassen und Durchhalten hat mir bei unserem Umzug vom mittleren Westen in den Süden geholfen, aber es war mehr nötig, als nur das. Nur, weil ich fest entschlossen war, mit Gott zusammenzuarbeiten, war es mir möglich, die guten Freundschaften und mein Einssein mit den Stimmungen der Jahreszeiten aufzugeben. Ich begann damit, daß ich die Worte, die Gott einst Josua gab, auswendig lernte und mein Herz an sie hängte: „Siehe, ich habe dir geboten, daß du getrost und unverzagt seist. Laß dir nicht grauen und entsetze dich nicht; denn der Herr, dein Gott, ist mit dir in allem, was du tun wirst" (Josua 1,9).

Unser Umzugstag war ein trüber Tag im Frühherbst. Die Packer beluden den Möbelwagen. Jedes einzelne Teil wurde bei leichtem Nieselregen verstaut. Am späten Nachmittag war der Laster mit unseren Habseligkeiten abgefahren. Dave und ich gingen durch die leeren Räume des Heims, in dem wir mit unseren drei Kindern gelebt hatten. Dutzende von Erinnerungen schossen mir durch den Kopf, und mir kamen die Tränen, die das regnerische Wetter draußen widerspiegelten.

Nachdem wir den letzten Raum inspiziert hatten, knieten wir uns auf den blanken Fußboden und erhoben unsere Herzen zu dem einen, der uns mit diesen Erinnerungen gesegnet hatte. Während wir uns Gott übergaben und ihm unsere unbekannte Zukunft anvertrauten, tat er sein Werk in uns. Er brachte unsere Herzen und Sinne wieder ins Gleichgewicht und gab uns neuen Mut. Wie ein Sonnenstrahl, der den Nebel durchdringt, kamen die Worte: „Er ist mit euch, wo immer ihr auch hingeht."

Heute ist dieser Vers eingerahmt und hängt an meiner Wand in unserem neuen Heim in Florida. Immer, wenn ich ihn ansehe, werde ich innerlich von Lobpreis erfüllt und beginne zu lächeln. Ich habe es wirklich erlebt, daß er wahr ist.

Als wir uns nach dem Umzug gegenseitig halfen, mit der neuen Situation fertigzuwerden, entwickelten Dave und ich eine ganz besondere Beziehung zu unserem siebzehnjährigen Sohn Jon. Zum ersten Mal seit vielen Jahren fühlte ich mich nicht durch die große Verantwortung in der Gemeinde belastet, die in den letzten Jahren ständig zugenommen hatte. Jetzt gab mir Gott Zeit, über meine Erfahrungen nachzudenken und sie niederzuschreiben. Und nach und nach zogen andere Familienmitglieder nach Florida und wohnten solange bei uns, bis sie eine eigene Wohnung gefunden hatten. Ihr Aufenthalt bei uns stärkte unsere Familienbande und erfüllte unsere Herzen mit Liebe. Zusammenarbeit mit Gott ist die Dynamik, die unsere Gefühle verändert und uns eine neue Perspektive schenkt.

Als ich mir die Verheißung in Josua genauer ansah, sprang mir ein anderer Teil des Verses ins Auge: „Laß dir nicht grauen und entsetze dich nicht!" Da wurde ich an ein anderes Kampfgebiet im Umgang mit unseren Gefühlen erinnert: Angst.

[1] Alexander Solschenizyn, Der Archipel Gulag, zitiert nach der deutschen Übersetzung © 1974 by Scherz Verlag Bern. S. 555.

3. Sorgen: Ein Kreislauf ohne Ende

Wie man den Teufelskreis durchbricht

Haben Sie jemals den überwältigenden Griff der Sorge verspürt? Die Erinnerung daran, wie sie mich packte, ist immer noch sehr lebendig. Eines Nachts stand der Wecker in unserem Schlafzimmer auf ein Uhr. Mein Körper war müde, aber ich verspürte ein schreckliches Gefühl, das mich vom Einschlafen abhielt. An jenem Tag hatte mein Mann beiläufig erwähnt, daß er einen bekannten Evangelisten zum Abendessen mit nach Hause bringen würde. Er sollte in unserer Gemeinde einige Vorträge halten. Ich weiß nicht mehr, was ich erwiderte, aber ich erinnere mich an ein seltsames Gefühl in der Magengegend.

Der Evangelist war ein würdiger Herr. Ich *wußte* genau, daß er bereits alle Arten exquisiter Kochkunst in Amerika genossen hatte. Es schien eine so riesige Aufgabe zu sein: Ein besonderes Essen planen; das Haus putzen; dafür sorgen, daß unsere beiden lebhaften Mädchen wirklich im Bett lagen; darauf achten, daß ich gut aussah für einen so berühmten Gast. In jener Nacht lag ich lange wach. Ich stellte mir vor, wie der Evangelist beim Betreten unseres kleinen Hauses über ein Spielzeug stolperte, das im Weg lag. Ich stellte mir vor, wie er mißbilligend die Stirn runzelte, nachdem er auf eine Tischplatte gefaßt hatte, die von einem Lutscher klebte. Aber die Frage, die mich wirklich quälte, war: Welches Essen war gut genug für einen so großen Mann? Würde ich es so zubereiten können, daß er zufrieden war? Was, wenn alles schief läuft und er den Leuten überall im Lande erzählen würde, was für eine Frau Pastor Burnham hatte?

Warum halten wir uns so lange mit solchen Gedanken auf und werden so ängstlich? Jetzt ist mir klar, daß ich alle Symptome einer „Sorgenkrankheit“ hatte: Gefühle der Bedrohung, der Unsicherheit, des Zweifels an mir selbst. Die Liste der furchtbaren Gedanken eines besorgten Menschen ist endlos. Der Plan, den Evangelisten einzuladen, hatte in mir besorgte Gedanken über unser Haus, das Essen, unsere Kinder, mein Aussehen und sogar den Ruf meines Mannes ausgelöst. Wenn ich jetzt an die Situation zurückdenke, erkenne ich das Schema der Sorge. Es raubte mir Zeit, Energie und den Genuß eines schönen Abends.

Sorge ist ein subtiles, aber dennoch starkes Gefühl. Es wird leichter, unsere sorgenvollen Gefühle bis zu ihrem Ursprung zurückzuverfolgen, wenn wir drei Wurzeln untersuchen, die der Sorge zugrunde liegen. Erstens kann unser Selbstwertgefühl bedroht sein: Zweifel an unserem Aussehen und die Angst vor Unzulänglichkeit machen uns unsicher. Zweitens kann unser persönliches Wohlergehen bedroht sein: durch Bedenken bezüglich unserer Zukunft, durch Unsicherheit beim Treffen von Entscheidungen und durch materielle Sorgen. Drittens kann unser Wohlergehen durch ungelöste Konflikte bedroht werden.

Wie sehe ich aus?

Wie viele von uns Frauen messen ihren Selbstwert an ihrem Aussehen? Kein Wunder, daß wir bei dem Gedanken ans Zunehmen oder Altern fürchten, wir würden unsere Selbstachtung und gute Freundschaften verlieren. Falten, graue Haare und runde Formen müssen um jeden Preis vermieden werden. Wer würde solche Qualitäten schon lieben? Hutzelig, verbraucht und dick – so sehen wir uns, wenn wir uns unser späteres Leben vorstellen. Wir fühlen uns ausrangiert von einer Gesellschaft, die Jugend, Schönheit und eine schlanke Taille in den Vordergrund stellt.

Ich erinnere mich an eine modisch gekleidete Frau, die eines Tages zu mir kam. Nervös begann sie, die Beziehung zwischen ihr und ihrem Ehemann zu beschreiben. Er trank zuviel und kam erst spät nach Hause. Sie war verzweifelt. Sie wußte, sie würde den Mann, den sie liebte, verlieren. Sie war davon überzeugt, daß es nur einen Grund dafür geben konnte: Ihr Körper alterte, ihre Hände und ihre Stimme zitterten. Sie mußte unbedingt an ihrem Aussehen arbeiten. Für sie war das die einzige Möglichkeit, sich seine Liebe wieder zu sichern. Sie wollte versuchen, verführerischer auszusehen.

Warum geben wir so viel Geld in Gesundheitsbädern, Boutiquen und Schönheitssalons aus? Wohl nur deswegen, weil man sich dort viel Mühe gibt, unser äußeres Erscheinungsbild zu verbessern und zu erhalten. Wir haben das emotionelle Bedürfnis, wertvoll zu sein. Es treibt uns dazu, um ein gutes Aussehen bemüht zu sein. Dadurch werden unsere Ängste *vorübergehend* beruhigt.

Bin ich gut genug?

Sobald wir meinen, ein Heilmittel für die eine Angst gefunden zu haben, bricht die Sorgenkrankheit an einer anderen Stelle aus. Ist meine Arbeit gut genug? Ist das Haus sauber genug? Sind die Kinder hübsch genug? Bin ich ausreichend positiv, freundlich, sozial und mildtätig? Und wie soll ich bei so vielen Anforderungen genügend Zeit finden, um alles zu erledigen?

Wir möchten gelobt werden für das, was wir tun. Als wir noch klein waren, wollten wir brav sein, um unserer Mutter zu gefallen. In jeder Entwicklungsstufe, die wir durchliefen, gab es jemanden, dessen Meinung uns wichtig war. Der Lehrer, der Trainer, der Chef oder Gleichaltrige, die wir bewunderten, waren uns wichtig, weil wir ihre Anerkennung brauchten. Sie gaben uns Bestätigung und das Gefühl, gut genug zu sein.

Als Erwachsene entwickeln wir unseren eigenen Maßstab. Er wird leicht zum Ausgangspunkt für unsere Leistung. Wenn wir es nicht schaffen, unserem im voraus festgelegten Standard zu entsprechen (und für einige Frauen ist das gleichbedeutend mit Perfektion), *fühlen* wir uns nicht akzeptabel. Dieser Kampf um Leistung ist wie eine offene Tür für alle möglichen Sorgen.

Der folgenschwerste Angriff der Sorge ist recht subtil. Es ist das Syndrom des Zweifelns an unserem geistlichen Wert. Bevor wir Christus vertrauen, machen wir uns Sorgen: Bin ich gut genug, um Christ zu werden? Nachdem wir den Sprung gewagt haben, bleibt der Zweifel vielleicht immer noch. Dann fangen wir an, uns Fragen zu stellen, wie: Bin ich ein richtiger Christ? Geistliche Unsicherheit kriecht in unsere Gedanken.

Tue ich genug?

Joyce war eine Frau zwischen dreißig und vierzig, die Immobilien verkaufte. Sie empfand ihre Situation als unmöglich. Durch ihr Arbeitspensum und den inneren Zwang, so viele Dinge zu tun, fühlte sie sich ständig unter Druck. Sie war von Sorgen überwältigt. Die verschiedenen Seiten ihrer Persönlichkeit wetteiferten um Joyce's Aufmerksamkeit. Einmal dachte sie: „Verkaufe genügend Häuser, und du wirst jemand sein." Dann wiederum meldete sich ihr Pflichtbewußtsein genauso überzeugend zu Wort: „Verbring mehr Zeit mit deiner Familie; entwickle deine Singstimme; engagier dich in der Schule und in den Sozialeinrichtungen deiner Stadt." Ihr ganzer Körper stand unter Hochspannung, als sie mich eines Tages fragte: „Wieviel ist genug?"

Viele Frauen neigen dazu, endlosen Forderungen nachzugeben. Wir wollen damit die Sorge vermindern, die von einer tief verwurzelten Frage herrührt: Wie kann ich oder mein Mann – oder irgend jemand – mich lieben und akzeptieren, wenn ich nicht mehr tue? Ich muß doch versuchen, alles viel besser zu schaffen? So wie Joyce kommen wir irgendwann an einen Krisenpunkt, wo wir uns körperlich ausgelaugt und emotionell erschöpft fühlen. Wir fühlen uns bedroht und unsicher.

Was wird mir passieren?

Welche Frau hat sich nicht schon darüber Gedanken gemacht, was ihr die Zukunft bringen wird – und ob sie genügend Geld zum Leben haben wird? Solche Gedanken sind eng verbunden mit Ängsten um das persönliche Überleben und Wohlergehen.

Diese Ängste können auch andere Formen annehmen. Unsere Gedanken verunsichern uns und wir überprüfen unseren Körper immer wieder auf Herz und Nieren: Jedes Knacken und Pfeifen nehmen wir voller Angst zur Kenntnis. Die Möglichkeit eines krebsartigen Knotens löst bei jeder Frau Sorgen aus. Für eine sehr ängstliche Frau ist es eine Prophetie ihres Endes. Echte oder eingebildete Schmerzen, ein möglicher Unfalltod oder die Angst vor einem Verbrechen – kurz, alles, was dem Körper schaden könnte – lasten schwer auf einem ängstlichen Menschen. Er bereitet sich wirklich auf das Äußerste vor: den Tod.

Vor kurzem holte ich eine fünfzigjährige Frau vom Busbahnhof ab und fuhr sie zur Beerdigung ihrer Mutter. Auf dem Weg zum Beerdigungsinstitut sprach Clara ununterbrochen von den Gefahren in dieser Welt. „Es ist gefährlich, mit dem Flugzeug zu fliegen; deshalb bin ich mit dem Bus gekommen", sagte sie und schüttelte ihren Kopf von einer Seite zur anderen. Ich erfuhr auch, daß sie aus Angst vor der Kriminalität in der Stadt ein Haus auf dem Land gekauft hatte.

Das eine Thema, von dem sie nicht sprach, war ihre Mutter und die

Umstände ihres Todes. Aber als wir beim Bestattungsinstitut ankamen, begann sie zu weinen. Ihre Tränen wurden zu unkontrollierbaren Schluchzern, als sie den Leichnam sah. Sie sagte immer wieder: „Es ist so schrecklich, ich halte das nicht aus." Als sie anfing zu zittern, halfen ihr Freunde auf einen Stuhl. Ihr Beine waren wie Gummi geworden, und ihre Gefühle waren so aufgewühlt, daß sie schließlich ohnmächtig wurde. Es war zu hart für sie, der Realität des Todes ins Auge zu sehen.

Vielleicht versuchen Sie so wie Clara, Ihre tiefsten Ängste zu verbergen. Wir weinen, wenn wir den Verlust eines geliebten Menschen erleben, aber hinter unserer Reaktion steckt vielleicht mehr als nur Schmerz. Mit dem Schmerz ist ein Teil unserer eigenen Angst vermischt: Was wird aus mir werden?

Was sollte ich tun?

Eine weitere grundlegende Ursache von Sorge sind Konflikte, die sich auftun, weil wir Entscheidungen treffen müssen. *Was soll ich dem bekannten Evangelisten servieren?* dachte ich. *Gegrilltes Hähnchen, Schinkenröllchen, Roastbeef? Nein, das war alles zu gewöhnlich. Wie wäre es mit einem italienischen oder mexikanischen Essen? Nein, zu viele Gewürze, zu scharf. Warum nicht den Truthahn, den ich noch im Gefrierschrank in Reserve hatte? Vielleicht.*

Bei jedem Entscheidungsprozeß liegen verschiedene Möglichkeiten im Konflikt. Wenn es nicht um Mahlzeiten geht, dann um die Kleidung, die Autos oder die Häuser, die wir kaufen. Welche Arbeitsstelle sollten wir annehmen? Was ist schlimmer – die Schmerzen, die wir jetzt haben, oder die Schmerzen, die wir nach einer Operation haben werden? Wenn wir erst einmal eine Entscheidung getroffen haben, legt sich unsere Sorge vorübergehend. Aber dann beginnt nur ein anderer Zweifel zu quälen: *War das die richtige Entscheidung, oder habe ich einen Fehler gemacht?*

Was beunruhigt mich wirklich?

Sorge kann auch von einem Konflikt herrühren, den wir unterdrücken oder tief in unserem Unterbewußtsein begraben haben. Es ist schwierig, Gefühle der Unruhe bis zu ihrem Ursprung zurückzuverfolgen. Das braucht Zeit. Intensive emotionale Erlebnisse können tief in unserem Unterbewußtsein vergraben liegen. Bestimmte Situationen können das unterdrückte Erlebnis und die damit verbundenen Gefühle wieder wachrufen und sie in unser Bewußtsein bringen. Das wiederum ruft Angst und Sorge hervor. Es ist ein nie endender Kreislauf.

Evelyn, eine große, kräftig aussehende Frau Anfang vierzig hatte begonnen, ein wildes Leben zu führen. In einem bewußten Versuch, ihre quälende Sorge zu beruhigen, trank sie zu viel, fuhr rücksichtslos Auto und benahm sich so, wie sie es normalerweise nicht tun würde. Mit ein paar dahingeworfenen Sätzen versuchte sie, ihr Problem zu schildern: „Wenn ich beten will, werde ich so unruhig, daß es mir miserabel geht. Dieselben unruhigen Gefühle werden erregt, wenn ich zur Kirche gehe oder an religiösen Aktivitäten teilnehme. Ich habe meine Teilnahme an allem, was religiös ist, beendet. Aber mein jetziges Leben gefällt mir auch nicht. Ich schäme mich. An einem normalen Freitagabend setze ich mich auf mein Motorrad, fahre zu einer Bar und trinke bis zur Bewußtlosigkeit."

Nachdem wir viele Möglichkeiten für ihre Angst erwogen hatten, sprachen wir über den Tod ihres Vaters. Ihre Reaktion darauf gab mir einen Anhaltspunkt für ihr Verhalten. Sie sagte: „Ich habe nicht geweint oder über meinen Schmerz gesprochen, denn als Älteste von uns Kindern wollte ich stark sein für meine jüngeren Brüder und Schwestern und für meine Mutter." Sie hielt diese stoische Reaktion für eine Tugend. Konsequenterweise leugnete sie ihr Trauma und unterdrückte ihre Trauer.

In Beratungsgesprächen gab mir Evelyn hier und da ein paar Informationen, bis sie die ganze Geschichte erzählt hatte. Schließlich sprach sie von ihrer Liebe zu ihrem Vater. Sein Tod hatte sie verletzt und wütend gemacht. Sie gab zu: „Ich fühlte mich ihm näher als irgendeinem anderen Menschen, denn ich war ihm in vielen Dingen ähnlich, und er war so gut zu mir." Entschuldigend bekannte sie: „Ich glaube, ich habe heimlich Gott dafür angeklagt, daß er mir meinen Vater weggenommen hat. Ich war doch erst zwölf Jahre alt – zu jung, um das zu verstehen."

Ist es da ein Wunder, daß sie den Tränen nahe war und von Angst überwältigt war bei dem Versuch, zu beten? Wie kann man dem vertrauen, auf den man wütend ist?

Als sie sich dem Schmerz, der ihr beinahe das Herz brach, stellte, und einsah, daß der Tod ihres Vaters nicht eine Strafe Gottes war, löste das ihre Sorge. Fünfundzwanzig Jahre nach dem Tod ihres Vaters gestattete sich diese Frau zu trauern. Sie erlebte Gottes Trost. Sie erfuhr Freiheit, anzubeten und Jesus Christus zu dienen.

Sorge ist ein Peiniger. In ihrer stärksten Form ist sie eine dunkle

Befürchtung, die unsere Gedanken gefangennimmt. Sie löst verborgene Gefühle aus und setzt sich in den Ritzen unseres Inneren fest. Wie bei einer kaputten Schallplatte wird die negative Botschaft immer und immer wieder in unseren Gedanken wiederholt. *Mir wird etwas Schlimmes zustoßen. Ich weiß nicht genau, was, aber ich muß darauf vorbereitet sein.*

Kann man schon im voraus erkennen, welche Erlebnisse uns Angst einflößen? Für gewöhnlich lassen sich die Gefühle der Unruhe auf eine von drei grundlegenden Ursachen zurückführen: eine Bedrohung des Selbstwertgefühls, Sorgen um die Zukunft oder ungelöste Konflikte. Wenn Sie die Quelle Ihrer Sorge verstehen, ist das der erste Schritt, diesen widerspenstigen Feind zu besiegen.

Kann ich den Teufelskreis der Sorgen durchbrechen?

Wenn Sie die negativen Folgen von Angst und Sorge in Ihrem Leben erkennen, fragen Sie sich vielleicht: Welchen Sinn hat es überhaupt, sich zu sorgen?

Gott gab uns die Fähigkeit, um den Schutz unseres physischen Wohlergehens besorgt zu sein. In gewisser Weise ist Sorge der Impuls, der uns morgens aus dem Bett holt, um unsere Aufgaben zu erledigen. Wenn uns unser Körper sagt, daß er schlafen will, sagt unser Verstand besorgt: *Du kannst nicht schlafen. Du mußt deine Arbeit erledigen.* Die Bibel lehrt die Gläubigen, wie die „Sorge füreinander" positiv umgesetzt werden kann. Die Schrift ermutigt uns, uns um andere zu kümmern (besorgt sein) und uns nicht nur um uns selbst zu sorgen (1. Korinther 12,25; Philipper 2,20).

Aber Sorgen haben die Macht, unser Leben zu beherrschen. Die Bibel sagt: „Sorge im Herzen bedrückt den Menschen ..." (Sprüche 12,25a Lutherbibel). Ist es da ein Wunder, daß sich ein besorgter Mensch ständig müde fühlt? Energie, die eigentlich für die Arbeit und den Genuß des Lebens bestimmt ist, wird für Sorge verschwendet. Die physische Kraft wird geschwächt, wenn man sich ständig um emotionale Angelegenheiten kümmert, die keine Ruhe geben wollen. Unser Körper arbeitet hart, wenn er auf den Sorgenalarm reagiert: unsere Muskeln spannen sich an, der Puls rast und der Magen zieht sich zusammen. Wenn unser Körper auf Hochtouren arbeitet, ist unser Verstand weniger effizient, und unsere Konzentration wird durch ängstliche Gedanken behindert.

Sorge verbessert auch nicht unser Aussehen. Sie beschleunigt den Alterungsprozeß und hinterläßt ihre Spuren in unserem Gesicht. Auch unsere Art, mit anderen umzugehen, wird durch die Last der Forderungen, die die Sorge an uns stellt, beeinträchtigt. Reizbarkeit und Nervosität vergiften die Atmosphäre und infizieren alle, die mit uns in Kontakt kommen.

Unsere Kinder sind schnell dabei, unser Beispiel nachzuahmen. Sie lernen, auf die verschiedenen Stress-Situationen des Lebens zu reagieren, indem sie dieselben besorgten Verhaltensmuster übernehmen, die wir ihnen vorleben. Welche Reaktionen sieht Ihr Kind an Ihnen, wenn Ihnen anscheinend alles zu viel wird?

Die Geschichte von Martha und Maria, in deren Haus Jesus viele angenehme Stunden verbrachte, liefert den Hintergrund für Jesu Lehre darüber, wie man Sorge überwindet. In Lukas 10,38-42 wird Martha als eine sorgenvolle Frau beschrieben. Gemeinsam mit ihrer Schwester Maria und ihrem Bruder Lazarus hatte Martha Jesus, und sehr wahrscheinlich auch seine Jünger, zum Essen eingeladen. Für Jesus war dies eine entspannte Zeit. Das Haus seiner Freunde war eine erfrischende Erholung von Jerusalems geschäftigem Marktplatz und der fordernden Menschenmenge.

Bei dieser Gelegenheit hieß Martha Jesus willkommen und verschwand schnell wieder in der Küche, um die letzten Vorbereitungen zum Essen zu treffen. Man kann sich vorstellen, wie müde sie war. Sie hatte ja bereits schwer gearbeitet, aber sie war besorgt, ob Jesus ihre Bemühungen zu würdigen wisse. Als sie eilte, um die letzten Handgriffe zu erledigen, sah sie aus ihrer heißen Küche in den Innenhof, in dem eine leichte Brise wehte, und erblickte Maria. Sie fühlte sich von Maria ausgenutzt. Da fiel alle Liebenswürdigkeit von ihr ab, und sie gab Jesus vorwurfsvoll zu verstehen: „Herr, fragst du nicht danach, daß mich meine Schwester allein dienen läßt?“ (Lukas 10,40).

Jesus beantwortete die Frage nicht direkt. Stattdessen kam er zum Kern der Sache und sagte: „Martha, Martha, du hast viel Sorge und Mühe ...“ (Lukas 10,41). Martha hatte ein Problem – nicht Maria. Maria wurde die Zielscheibe von Marthas Sorgen, aber es ging nicht wirklich darum, daß Maria nicht arbeitete, es ging eigentlich um das Thema „Sorge“.

Jesus war in dieses Haus nach Bethanien gekommen, um sich zu erfrischen. „Martha aber hatte alle Hände voll zu tun, um ihm zu dienen“ (Lukas 10,40). Ihr Selbstwertgefühl war bedroht. Innerlich stellte sie ihre Fähigkeiten in Frage: *Ist das Essen gut genug, um meinen Ruf als außerordentlich gute Köchin zu erhalten?* Ihre Sorge und ihre Unruhe wirkten sich auf alle Anwesenden aus und störten die Atmosphäre der Ruhe.

Die beste Lösung für Sorgen

Martha war so mit ihrer Arbeit und ihren eigenen emotionalen Bedürfnissen beschäftigt, daß sie den Kern des Ganzen verpaßte. „Maria, die setzte sich dem Herrn zu Füßen und hörte seiner Rede zu", sie hatte das bessere Teil erwählt (Lukas 10,39).

Es war schade, daß Martha diese Zeit der Stille mit Jesus verpaßte. Es hätte ihr neue Kraft gegeben. Jesus stand auch ihr mit seinem Dienst zur Verfügung. Er wollte sie von Sorge und Mühe befreien, aber sie hatte die richtige Perspektive verloren, weil sie nicht mit ihm gesprochen hatte. Übermüdet und aufgedreht durch ihr sorgenvolles Tun flüchtete sie sich in die einzige menschliche Erleichterung, die ihr blieb: Sie beschuldigte Maria.

Eine Frau, die sich Sorgen macht, kommt zur Ruhe, wenn sie täglich Zeit mit Gott verbringt. Wenn er die Bedürfnisse ihrer Seele stillt, werden die täglichen Sorgen geringer. Sie ist sich seiner Liebe zu ihr und des Wertes, den sie für ihn hat, wieder sicher. Dadurch werden ihre Aufgaben leichter. Jesus bot Martha Sicherheit an, nicht auf eine magische Weise, sondern indem er ihr die Basis für Sicherheit offenbarte: eine großartige, ewige Beziehung zu ihm.

Martha lernte diese Wahrheit schließlich. Später, bei der Beerdigung ihres Bruders, bekannte sie, daß Jesus der Sohn Gottes sei und daß er die Macht über Leben und Tod hätte (Johannes 11,21-27). Indem sie ihre Gedanken darauf konzentrierte, Christus zu erkennen, konnte sie gelassener werden und ihr sorgenvolles Wesen ablegen. Ihr Wert als Mensch wurde nicht durch ihren Ruf, eine gute Gastgeberin zu sein, bestimmt. Er wurde durch Jesu Liebe und Annahme bestätigt.

Das Vertrauen in Jesu Fürsorge kann uns von jeder Bedrohung abschirmen. Aber wir müssen unter seinen zuverlässigen Schutz treten, so, wie es meine Freundin Beth tat. Niemand hätte in ihr eine Alkoholikerin vermutet. Sie hielt ihr Haus in Ordnung und machte Karriere, aber sie benutzte den Alkohol, um ihre Sorgen abzutöten. Sie hatte Angst, ihr Geld könnte nicht reichen, und sie hatte ständig Angst vor dem Tod. Zunächst betäubte der Alkohol ihre Sinne. Er brachte ihre ängstlichen Gedanken in der Nacht zum Schweigen. Aber bald merkte sie, daß sie davon abhängig war.

Ihre Sorgen wurden noch verstärkt durch die Angst, daß ihre Familie und ihre Freunde ihren Alkoholismus entdecken könnten. In ihrer Angst suchte sie Gott. Schüchtern begann sie, an einem Bibelstudium teilzunehmen. Nach mehreren Monaten vertraute sie Gottes Versprechen, ihr zu vergeben. Sie gab ihre ungesunde Abhängigkeit vom Alkohol auf und setzte ihr Vertrauen auf Christus. Er gab ihr die Sicherheit des ewigen Lebens und der täglichen Fürsorge.

Meine Freundin entschied sich, auf die Worte Jesu zu hören. Dadurch wurde sie fähig, mit der Sorge, die sie plagte, fertigzuwerden. Erstaunlicherweise können wir verstandesmäßig *wissen,* daß wir ewiges Leben haben. Wir *wissen,* daß wir die Macht haben, dem Tod ohne Angst ins Auge zu sehen. Und dennoch sorgen wir uns als Christen weiter. Das kann sich ändern, wenn wir Zeit mit Jesus verbringen. Bei Maria war es so. Und bei Beth.

Zeit mit Gott

Jeden Morgen um acht Uhr befinde ich mich mit einer Tasse Kaffee, meiner Bibel, einem Stift und einem Notizbuch in einem stillen Teil unseres Hauses. Ich lese die Bibel und arbeite an einer bestimmten Lektion für mein wöchentliches Bibelstudium mit einigen Freunden. Dann lerne ich eine Passage aus der Schrift auswendig, meditiere darüber und bete. Wenn ich Zeit mit Jesus verbracht habe, ist mir seine Freundschaft und Fürsorge neu gegenwärtig. Ich beginne jeden Tag mit wirklicher Geborgenheit.

Wenn ich bete, spreche ich offener mit Gott, als ich mit irgendeinem anderen Freund rede. Wenn mich das Wort Gottes auf irgendwelche Sünden aufmerksam gemacht hat, bekenne ich sie. Meine Bekenntniszeit nimmt mir die Sorge, daß meine Sünden mich von Jesus trennen könnten. Dann bespreche ich mit Gott all meine Sorgen und tiefsten Wünsche, weil er befohlen hat: *„Alle eure Sorge werft auf ihn; denn er sorgt für euch“* (1. Petrus 5,7).

Während es noch ruhig ist und ich in Gottes Gegenwart bin, nehme ich mir ein paar Minuten Zeit und denke über Lösungen für Probleme nach, die sonst ein Anlaß für Sorge wären. Dabei beschäftigen mich Fragen, wie: Was ist dringender, daß ich ein neues Kleid kaufe oder daß ich den Teppich reinigen lasse? Sollte ich Jon (unseren Sohn im College) anrufen und ihm meine Meinung mitteilen, oder sollte ich ihn selbst nach einer Lösung suchen lassen? In welchem Bereich sollte ich in der Gemeinde mitarbeiten?

Wenn ich mich manchmal nicht entscheiden kann, schreibe ich jede Überlegung auf und lege den Zettel in meine Bibel. Dann bete ich darüber und bitte Gott, mir entweder durch sein Wort oder durch klare

Gedanken Einsicht zu geben. Die Bibel verspricht: „Der Herr aber wird dir in allen Dingen Einsicht geben“ (2. Timotheus 1,7).

Wenn ich versucht bin, mir Sorgen zu machen, erinnere ich mich selbst daran, daß ich eine feste Zeit habe, in der ich mich um diese drängenden Angelegenheiten kümmere. Dann denke ich über einen Vers aus der Bibel nach oder über einen hilfreichen Gedanken, der mir aus einer Bibellektion noch in Erinnerung ist.

Für einige von Ihnen ist es schwierig, genauso wie ich Zeit mit Gott zu verbringen, weil Sie den ganzen Tag arbeiten oder kleine Kinder um sich haben. Es ist nicht unbedingt notwendig, einen festen Zeitpunkt oder eine bestimmte Zeitdauer zu haben. Aber es ist absolut unerläßlich, daß Sie einen Plan entwerfen, wie Sie die geistliche Dimension in Ihrem Leben verwirklichen wollen. Arbeiten Sie einen Plan aus, der auf Ihre individuellen Bedürfnisse und Ihren Lebensstil abgestimmt ist. Ein Studienführer ist ein hilfreiches Instrument, um Wahrheiten zu entdecken und dabei selbst das Tempo zu bestimmen. Achten Sie darauf, daß Sie das Studienmaterial an einem günstigen Platz aufbewahren, wo Sie es sehen und genauso leicht erreichen, wie Ihren Morgenkaffee oder Ihre Zeitung. Sie können Bibelverse auswendig lernen, während Sie duschen oder sich in der Badewanne entspannen; Sie können sie sich vorsagen, während Sie zur Arbeit fahren oder Ihre Kinder irgendwohin bringen.

In der Tabelle auf Seite 56 - 57 sind einige Verse aufgeführt, die ich in meiner Stillen Zeit mit Gott entdeckt habe. Diese Verse waren für mich oft lebensrettend, denn sie haben mich aus der Sorge herausgeholt. Sie können täglich auf sie zurückgreifen. So werden Sie merken, daß sie in Krisenzeiten besonders hilfreich sind. Zusätzlich werden Ihnen Bibellesehefte bei Ihren Meditationen über der Schrift helfen.

Gottes Wort ist lebendig, machtvoll und wahr. Seine Verheißungen werden beginnen, Ihr Bewußtsein zu durchdringen, wenn Sie sich die Zeit nehmen, darüber zu meditieren. Keine andere Waffe kann die Festungen der Sorge so völlig zerstören. Gottes Wort wird Ihnen helfen, in Frieden mit sich selbst zu leben. Sie werden herausfinden, daß es *wirklich* möglich ist, Angst und Sorge unter Kontrolle zu bekommen.

Sehnen Sie sich nach der Freude, die aus einer täglichen Beziehung mit Gott entsteht? Aber Sie merken, daß Ihre Gefühle zwischen Sie und Gott treten, sobald Sie versuchen, in seine Gegenwart zu kommen? Was können Sie tun, wenn Dunkelheit über Ihnen schwebt und Sie von ihm fernhält?

Checkliste: Kontrolle über die Angst

1. Verbringen Sie täglich Zeit mit Gott, indem Sie die Bibel lesen, beten und meditieren.
   * *Wer festen Herzens ist, dem bewahrst du Frieden; denn er verläßt sich auf dich.* (Jesaja 26,3)
   * *Sorgt euch um nichts, sondern in allen Dingen laßt eure Bitten in Gebet und Flehen mit Danksagung vor Gott kommen! Und der Friede Gottes, der höher ist als alle Vernunft, wird eure Herzen und Gedanken bewahren in Christus Jesus.* (Philipper 4,6-7)
   * *Hoffe auf den Herrn und tu Gutes, bleibe im Lande und nähre dich redlich. Habe deine Lust am Herrn; der wird dir geben, was dein Herz wünscht.* (Psalm 37,3-4)

2. Tauschen Sie ganz bewußt einen angstmachenden Gedanken durch ein Versprechen in Gottes Wort aus, zum Beispiel durch:
   * *Denn ich bin gewiß, daß weder Tod noch Leben, weder Engel noch Mächte noch Gewalten, weder Gegenwärtiges noch Zukünftiges, weder Hohes noch Tiefes noch irgendein anderes Geschöpf uns scheiden kann von der Liebe Gottes, die in Christus Jesus ist, unserm Herrn.* (Römer 8,39)
   * *... meinen Frieden gebe ich euch ...* (Johannes 14,27)
   * *Alle eure Sorge werft auf ihn; denn er sorgt für euch.* (1. Petrus 5,7)
   * *Mein Gott aber wird all euren Mangel ausfüllen nach seinem Reichtum in Herrlichkeit in Christus Jesus...* (Philipper 4,19)

3. Planen Sie sorgfältig; streben Sie realistische Ziele an. Und vertrauen Sie dann Gottes Versprechen: *Gott wird sich auch um morgen kümmern. Lebe einen Tag nach dem anderen.* (nach Matthäus 6,34)

4. Entdecken Sie die Ursache eines ungelösten Konflikts und stellen Sie sich dem Problem. *Denn Gott hat uns nicht den Geist der Furcht gegeben, sondern den Geist der Kraft und der Liebe und der Besonnenheit.* (2. Timotheus 1,7).

Gottes Verheißungen, wenn Sie sich Sorgen machen

... wegen Ihrer Zukunft
   * *Sorge dich nicht um morgen. Gott wird sich auch um morgen kümmern. Lebe einen Tag nach dem anderen.* (nach Matthäus 6,34)

… wegen des Todes

* *Dies habe ich euch geschrieben, damit ihr wißt, daß ihr das ewige Leben habt* (1. Johannes 5,13).

… wegen ungelöster Konflikte

* *Sei stille dem Herrn und warte auf ihn!* (Psalm 37,7a).

4. Angriff der Gefühle

Der Kampf gegen die dunkle Krankheit der Depression

Ich war geschockt. Zum ersten Mal sah ich Patienten in einer der staatlichen Nervenheilanstalten, und es war ein bedrückendes Erlebnis. Ihr Anblick durchbohrte mein Herz und erregte in mir Gefühle des Unbehagens.

Mechanisch folgte ich der Schwester durch die Anstalt. In der Notaufnahme trafen wir auf eine Frau, die auf einem Stuhl mit gerader Rückenlehne saß. Sie beugte sich nach vorn über und bedeckte ihre Augen mit den Händen. Als sie schließlich den Kopf hob, um die Fragen des Arztes zu beantworten, teilten sich die Strähnen ihres ungewaschenen Haares und enthüllten ein bleiches Gesicht. Dunkle Ringe unter roten und geschwollenen Augen waren weitere Anzeichen eines extremen Traumas. Sie sagte nur wenige Worte, nahm dann wieder ihre alte Position ein und weinte, bis ihr schon geschwächter Körper von Schluchzern erschüttert wurde.

Ich hatte in Lehrbüchern von Depressionen gelesen. Ich hatte selbst kurze depressive Momente erlebt. Aber nichts hatte mich auf die Intensität der Gefühle vorbereitet, die ich in jener Stunde sah. Später erfuhr ich, daß sich selbst solche Patienten, die sehr stark depressiv sind, normalerweise wieder erholen. Die Schwester führte mich aus der Notaufnahme, und wir betraten eine andere Station. Dort sah ich Patienten, die bereits dabei waren, aus ihren schweren Depressionen herauszukommen.

Die Stimmung der Patienten in diesem Bereich war deutlich besser als die der Frau in der Notaufnahme. Die Schwester sagte mir, daß die Patientin, die ich zuerst gesehen hatte, mehrere Tage lang weder gegessen noch geschlafen hatte, bevor man sie aufgenommen hatte. Aber die schwere Finsternis der depressiven Patienten im Gesellschaftsraum lichtete sich dank regelmäßiger Behandlung bereits wieder. Hier lachte oder lächelte zwar noch niemand, aber es weinte auch niemand. Die Stimmung ließ sich am besten als gedrückt beschreiben. Die Patienten waren, abgesehen von einer schlurfenden Bewegung hier und da, im wesentlichen passiv. Statt zu gehen, was zu viel Anstrengung verlangte, zogen sie lieber ihre Füße nach.

Als letzter Schritt vor der Entlassung wurden die Patienten in eine gesonderte Abteilung verlegt, in der man auf eine ambulante Behandlung zuging. Die Atmosphäre auf dieser Station ermutigte zur Aktivität, die Stimmung war optimistischer, und die Gesichter der Leute sahen heiterer aus. Als ich die Anstalt verließ, dachte ich über die Hoffnung nach, die dem Prozeß, den ich gesehen hatte, innewohnte. Ich klammerte mich an die Aussicht auf Genesung, die, wie ich an jenem Tag gesehen hatte, ja tatsächlich möglich war.

Was ist eine Depression?

Depressive Menschen können aus der Tatsache, daß sie sich wieder erholen können, Hoffnung schöpfen. Aber für viele von uns bleibt die Depression mehr oder weniger stark ein lebenslanger Feind. Wie jede andere Krankheit greift die Depression uns an unseren schwachen, verletzlichen Punkten an. Einige von uns bekommen zum Beispiel leicht ein Tief, weil sie ein starkes Bedürfnis nach Annahme und Anerkennung haben.

König David, der ein tief emotionaler Mann war, war anfällig für Depressionen. In einer dunklen Stunde betete er: „Gott, hilf mir! Denn das Wasser geht mir bis an die Kehle. Ich versinke in tiefem Schlamm, wo kein Grund ist; ich bin in tiefe Wasser geraten, und die Flut will mich ersäufen. Ich habe mich müde geschrien, mein Hals ist heiser. Meine Augen sind trübe geworden, weil ich so lange harren muß auf meinen Gott“ (Psalm 69,2-4). Die Bibel beschreibt David und andere wie ihn in ihrer Menschlichkeit. Auch sie fühlten sich in der Agonie der Depression traurig, hilflos, einsam und verletzt.

Auch heute sind die Christen nicht immun gegen Depressionen. Einige Christen haben, motiviert von christusähnlicher Liebe und Wahrheit, die Türen zu ihrem Leben geöffnet und anderen erlaubt, hineinzusehen und von ihren Kämpfen mit der Depression zu lernen. Im Vorwort eines Buches über Depressionen beschreibt Cynthia Swindoll, geschäftsführende Direktorin eines christlichen Radioprogramms, die Depression als

„mein eigener ständiger Begleiter". Offen berichtet sie über ihre persönlichen Kämpfe und Siege.

„Es ist schwer zu glauben, daß mein Leben so lange Zeit – fünfzehn Jahre lang – von Depressionen verdunkelt war", sagt Frau Swindoll. „Depressionen ... schwarz wie tausend Nächte in einem Zypressensumpf. Einsamkeit, die unbeschreiblich ist. Verwirrung, was Gott betrifft. Frustration mit dem Leben und den Umständen. Das Gefühl, daß man verlassen worden ist, daß man wertlos ist. Nicht liebenswert. Der Schmerz ist entsetzlich."[1]

Wenn eine depressive Frau solche Tiefen ihrer Seele offenbart, sind oft die engsten Freunde und Familienangehörigen nicht sicher, wie sie reagieren sollen. Sie fühlen sich durch das, was die Frau in ihrer Verzweiflung sagt, vielleicht angegriffen. In Wirklichkeit trübt die Herrschaft der negativen Gefühle die Perspektive eines depressiven Menschen. Diese Verwirrung führt häufig dazu, daß sie ihre engsten Familienangehörigen und Freunde aus ihrem Leben aussperren.

Ein Mitglied unserer Gemeinde rief mich an, als sie gerade unter einer Attacke von Depressionen litt. Sie weinte und sagte, sie wolle sich von ihrem Mann scheiden lassen. Es war das erste Mal, daß ich mit dieser normalerweise sehr zurückhaltenden Frau über ihr persönliches Leben sprach. Unter Tränen sagte sie: „Ich fühle mich so unglücklich mit Bert. Ich kann nicht länger mit ihm zusammenleben. Ich fühle mich seinetwegen schrecklich. Was soll ich nur tun?"

Später rief ihr Mann an und bat mich darum, für ihn und seine Frau zu beten. Er erklärte, daß sie eine gute Ehe führten. Aber seine Frau erlebte Anfälle der Verzweiflung. Dann überkam sie immer eine große Traurigkeit, und sie litt unter einem ständigen, heftigen Umschwung ihrer Gefühle ihm gegenüber. Vom Kopf her verstand er das Wechselbad ihrer Gefühle zwar, aber es war schwer zu akzeptieren. Es tat weh, wenn sie sich gegen ihn wandte. Er sehnte sich danach, daß sie ihre Gefühle besser in den Griff bekam. Durch ihre Perioden der Verzweiflung fühlte er sich in die Enge getrieben.

Physische Ursachen für Depressionen

Vielleicht kämpfen Sie mit immer wieder auftretenden depressiven Anfällen. Es mag daran liegen, daß Sie die Ursachen für Ihre Depressionen falsch eingeschätzt haben. Ich möchte Ihnen etwas Beruhigendes mitteilen. Depressive Stimmungen haben wenig mit Sünde oder Selbstmitleid zu tun, obwohl diese Faktoren auch eine Rolle spielen können. Don Baker, Mitarbeiter einer Psychiatrie, schreibt in dem Buch *Depression:*

> *Die Depression ... hat eine Ursache. Sie ist nicht das Ergebnis einer mysteriösen Heimsuchung der Götter. Sie ist eine Krankheit, die das Resultat biologischer oder sozialer Kräfte ist, die auf irgendeine Weise Ihrer Gesundheit abträglich sind. Wir müssen diese Kräfte finden. Sie können innerlich sein, sie können äußerlich sein. Sie können real sein oder eingebildet, aber wir müssen sie finden. Und wenn das geschieht, werden wir sie erkennen, und auch Sie werden sie erkennen. Dann ... wird sich Ihr Zustand bessern.*[2]

Wenn diese Ursachen freigelegt werden, dann erst können die falschen Vorstellungen von Depressionen in den Köpfen anderer Leute verschwinden. Manche Demütigung kann von uns genommen werden, und jedem von uns wird geholfen, mit der eigenen Form der Depression fertigzuwerden. Es fällt uns leichter, wieder gute Laune zu bekommen, wenn wir verstehen, *warum* wir depressiv sind.

Wir müssen eines verstehen: *Stimmungen der Traurigkeit und Einsamkeit sind normal.* Jeder erlebt sie.

Die Sünde hat uns allen ihren Stempel aufgedrückt. Sie hat jedes irdene Gefäß verdorben. Eines dieser Zeichen der Unvollkommenheit ist ein biologischer Zustand, bei dem wir chemische Mangelzustände im Gehirn erleben, die zur Depression beitragen. In diesem Fall ist der erste Schritt zur Überwindung der Depression, daß wir die Tatsache dieser chemischen Unausgeglichenheit erkennen.

Es gibt aber auch eindeutige Fälle von melancholischen Persönlichkeiten. Solche Menschen haben Probleme mit ihrem Temperament und neigen häufig dazu, in ihrer Traurigkeit alles nur noch negativ zu sehen.

In jedem Fall beginnt der Sieg über die Depression damit, daß man seine Probleme mit Gemütsschwankungen zugibt, statt sie zu verbergen oder zu leugnen.

Es gibt noch andere physische Ursachen für Depressionen. Jede Frau erlebt zu bestimmten Zeiten eine Form von Depression, die durch biochemische Veränderungen und Verschiebungen verursacht werden. Der Schriftsteller und Arzt Hippokrates aus dem vierten Jahrhundert v. Chr. beschrieb eine solche Situation, als er über eine seltsame Traurigkeit in den Gedanken einer Frau nachdachte, die gerade Mutter geworden war. Heute sprechen wir von der „Wochenbettdepression“.

Ich hatte selber einen Anfall dieses Syndroms nach der Geburt von Brenda, unserem ersten Kind. Ich erinnere mich, wie ich an meinem zweiten Tag zu Hause in Tränen ausbrach. Alles, was Dave gesagt hatte, war „Guten Morgen“.

Und ich erwiderte: „Ich sehe nicht, was daran gut sein soll.“

Ich weinte aus Gefühlen innerer Traurigkeit. Das Weinen dauerte nicht lange, aber mein rationales Denken schien verschwunden zu sein. Die Ärzte sagen uns, daß zum Zeitpunkt der Geburt die Östrogenwerte sinken und das Progesteron fast nicht mehr vorhanden ist – ein extremer Abfall von dem hohen Hormonniveau, das wir während der Schwangerschaft produzieren. Tränen und Gefühle der Traurigkeit haben mit der Wiederanpassung des Körpers zu tun, nachdem ein Baby geboren ist. Aber wenn Sie gerade diese Schwermut durchleben, helfen Erklärungen nur wenig: Sie wissen dadurch zwar, daß Sie normal sind; sie tragen aber nicht allzuviel dazu bei, Ihre Gefühle zu ändern.

Dasselbe gilt für das prämenstruelle Syndrom, häufig auch PMS genannt. Im Körper einer Frau findet vier oder fünf Tage vor der Menstruation ein plötzlicher, starker Abfall des Progesterons statt. Dieser Abfall steckt hinter den Stimmungsschwankungen, die die meisten von uns aus allmonatlicher Erfahrung gut kennen.

Die Wechseljahre sind für eine Frau eine schwierige Übergangszeit. Margaret Mead bezeichnet die Wechseljahre als „das Schließen der Türen“. Dieser Prozeß des Türenschließens hat auch wieder mit der Reduzierung von Hormonen zu tun. Er zieht sich über einen Zeitraum hin, der lang genug ist für den Körper, um sich allmählich an die Veränderung zu gewöhnen – von Hitzewallungen und Nachtschweiß einmal abgesehen. In dieser Phase erleben einige Frauen Depressionen, aber nicht auf Grund der hormonellen Veränderung, sondern weil sie einen Verlust verspüren – den Verlust der Jugend mit all ihren schönen Seiten und der Fähigkeit zur Fortpflanzung.

Wenn Trauer nachklingt

Verlust, ganz gleich in welcher Form, bringt normalerweise eine Depression mit sich. Der wahrscheinlich schlimmste Verlust, den wir empfinden, ist der Tod eines Menschen, den wir lieben.

Eine Freundin aus Dallas rief eines Donnerstags kurz vor Mitternacht an, um uns den plötzlichen Tod ihres Mannes mitzuteilen. Die Frau, die gerade erst Witwe geworden war, erinnerte sich noch daran, wie ihr Mann sie zum letzten Mal umarmt hatte, bevor er an jenem Morgen gegangen war. Als er an dem frischen, sonnigen Oktobertag das Firmenflugzeug bestieg, hatte er noch einmal kurz mit ihr telefoniert und gesagt: „Ich werde zum Abendessen zu Hause sein." Stattdessen kam die Mitteilung von dem Flugzeugabsturz und von seinem Tod. Sie hatte die Wärme seiner Berührung und den Klang seiner Worte noch frisch in Erinnerung, als sie uns anrief, um zu fragen: „Könntest du mit Dave nach Dallas kommen? Ich möchte gern, daß Dave ihn beerdigt."

Nachdem ich aufgelegt hatte, drehte und warf ich mich in meinem Bett hin und her und durchlebte Erinnerungen an meine Freundin und ihren Ehemann. Ich bat meinen himmlischen Vater, sein geliebtes Kind zu trösten. Kaum war ich eingeschlafen, als das Telefon erneut klingelte. Am anderen Ende hörte ich die tränenerstickte Stimme meiner jüngeren Schwester aus Salt Lake City, die mir sagte, daß ihre Tochter Sonia, noch ein Teenager, vor einigen Stunden bei einem Autounfall getötet worden war. Zunächst konnte ich nichts sagen. Ich betete nicht, ich murmelte nur irgend etwas. Der Schock verursachte einen tiefen Schmerz in mir, der sich nur durch Weinen lindern ließ.

Es fiel mir schwer, mir die Einzelheiten des Unfalls anzuhören, und ich konnte im Hintergrund meinen Schwager schluchzen hören. Der tiefe Schmerz in meinem Inneren schüttelte mich, als ich an die warme, liebevolle Beziehung dachte, die er zu seiner einzigen Tochter gehabt hatte. Sie hatte oft am Morgen sein Frühstück gemacht und sein Hemd für die Arbeit gebügelt. Ich konnte sie lächeln sehen, wie sie ihm Streiche spielte. Ich konnte ihr leises Kichern hören, das ihren Vater immer dazu brachte, sie in die Arme zu schließen.

Meine Schwester redete und weinte und erzählte von all den schönen Erinnerungen. Ihr größtes Leid schien auf die Zukunft gerichtet zu sein. „Es wird keine Collegetage mehr geben, keine Hochzeit und keine Enkelkinder", sagte sie, unterbrochen von Schluchzern. Als ich den Hörer auflegte, versuchte ich, mir die Realität klarzumachen. *Sonia ist nicht mehr da. Leben, Freude und Glück waren vorübergehend aus dem Leben meiner Schwester und ihres Mannes verschwunden.*

Auf dem Flug nach Salt Lake City nahm ich meine Bibel mit. Meine Tochter Debbie und ich suchten Trost darin. Einige Worte Jesu wurden für uns zur Quelle des Friedens: „Ich bin die Auferstehung und das Leben; wer an mich glaubt, wird leben, selbst wenn er stirbt . . ." (Johannes 11,25).

Das war unsere Sicherheit, daß Sonias Glaube an Christus sie sicher zu ihrem Retter bringen würde. Während wir auf der Erde den Tod ihres physischen Körpers betrauerten, lebte sie voll Freude im Himmel, denn sie hatte an Jesus geglaubt.

Als Debbie und ich in der Schrift suchten, stießen wir auf einen anderen Vers: „Es ist besser, in ein Haus zu gehen, wo man trauert, als in ein Haus, wo man feiert; denn da zeigt sich das Ende aller Menschen, und der Lebende nehme es zu Herzen!“ (Prediger 7,2). Vor einigen Jahren noch waren wir zum Feiern in Sonias Haus gekommen. Unsere Familien hatten das gemeinsame Skilaufen und Schneemobilfahren und all die weihnachtliche Heiterkeit genossen. Als Debbie und ich an diese Zeit zurückdachten, erkannten wir die Wahrheit dieser Worte aus Prediger 7. Die Erfahrung der Trauer änderte die Richtung von Debbies Leben. Sie dachte über ihr eigenes Schicksal und den Sinn ihres Lebens nach.

Ich durchlebte jene Stunden und Tage in Salt Lake City umhüllt von Trauer. Ich konnte mich in den tiefen Schmerz meiner Schwester, ihres Mannes und ihres Sohnes hineinversetzen. Es brach mir das Herz. Eine Frage ging mir nicht mehr aus dem Kopf: Würden ihre Herzen – oder das Herz meiner lieben verwitweten Freundin in Dallas – je wieder heilen?

Heilung braucht Zeit

Trauer ist wie ein inneres Gewicht. Wenn Sie schon einmal getrauert haben, wissen Sie, was ich meine. Der ganze Körper reagiert auf die quälenden Gefühle und findet nur im Weinen, und dann auch nur im Schluchzen Erleichterung. Abraham drückte seinen Schmerz aus, als er den Tod seiner Frau Sarah betrauerte und offen um sie weinte (1. Mose 23,2).

Heilung braucht Zeit. Eine Periode der Trauer um einen Toten ist notwendig. Die Psychologen sagen, daß ein Jahr der Trauer vergehen muß, bevor eine Witwe beginnt, sich auf ihren Verlust einzustellen. Für Eltern, die ein Kind verlieren, ist der Zeitraum noch länger: sechzehn Monate.

Trauer ist ein innerer Prozeß, der zur Heilung der Gefühle führt. Einige Kulturen messen dem Klagen, dem Ausreißen der Haare und dem Zerreißen der Kleider einen hohen Wert als Teil dieses Prozesses bei. Trauer hat, genau wie körperlicher Schmerz, einen Sinn. Den Tränen freien Lauf lassen und sich von anderen Menschen trösten lassen, führt durch die erste Phase. Es ist notwendig, aber in unserer Kultur nicht immer einfach.

Meine Schwester kam mich zwei Monate nach dem Tod ihrer Tochter besuchen. Wir gingen in der Nähe unseres Hauses am Strand spazieren. Sie sprach mit mir über ihre Erinnerungen und Gefühle wegen Sonia, während der Wind um uns heulte. Später begleitete uns ein dünnbeiniger Strandläufer, und der Ozean wurde ruhig. Wir blieben stehen und sprachen leise über die schwierigen Fragen, die jeden von uns plagen, wenn ein Mensch in so jungen Jahren stirbt.

War dieser Unfall Gottes Wille? Wollte er, daß wir diesen dunklen, schweren Schmerz in unserem Inneren verspürten? Als wir einzelne Passagen der Schrift durchgingen, erinnerten wir uns daran, daß jede gute Gabe und jedes vollkommene Geschenk von oben herab kommt, von dem Vater des Lichts, bei dem keine Veränderung ist (Jakobus 1,17). Aber wir erkannten auch, daß wir in einer Welt leben, die die Spuren der Sünde trägt. Krankheit, Leiden und Tod – all das existiert, weil die Sünde in die Welt kam. Unser souveräner Gott lenkt seine geschaffene Welt so, daß sie nach bestimmten Gesetzmäßigkeiten funktioniert. Beide, der gute und auch der böse Mensch, leben unter diesen Gesetzmäßigkeiten. Beide leiden sie unter den Ergebnissen der Sünde. Manchmal greift Gott durch ein Wunder ein; zu anderen Zeiten erlaubt er in seiner unendlichen Liebe und Weisheit, daß bestimmte Dinge geschehen, und niemand weiß, warum.

Wir sprachen über die Evangelien. Was Christus damals seinen Jüngern sagte, stimmt auch für uns heute: „Was ich tue, verstehst du jetzt nicht; du wirst es aber später erfahren" (Johannes 13,7). Er will, daß wir ihm vertrauen, ganz gleich, was geschieht. Er möchte, daß wir uns klarmachen: Was auch immer er zuläßt, es wird durch sein Mitleiden ausgeglichen.

Das Wissen, daß Jesus uns versteht und wir ihm nicht gleichgültig sind, hilft uns, die Depressionen zu vertreiben. In der Bibel können wir lesen, wie Jesus reagiert, als er Maria und ihre Begleiter weinen sah: Er wurde zornig und sehr erregt (Johannes 11,33). Als er sah, wie die Herzen seiner Lieben durch ihren Feind, den Tod, zerbrochen waren, weinte Jesus (Johannes 11,35). Dann tröstete er Maria und Martha. Sein eigenes Herz schmerzt mit uns, wenn wir leiden. Und in Jesaja 53,3 lesen wir: „Er war ein Mann der Schmerzen und mit Leiden vertraut" (Jesaja 53,3).

Meine Schwester und ich sprachen über Sonia und ihren Tod, bis die Sonne unterging. Wir spürten die erfrischend kühle Dezemberluft der Tropen. Ihr niedergeschlagenes Herz wurde getröstet, als sie sich daran erinnerte, wie sehr Jesus mit ihrer persönlichen Trauer mitfühlte. Sie wurde neu belebt durch die Erinnerung daran, daß er auch weiterhin ihr Trost und ihre Hoffnung für die Zukunft sein würde.

Die Psychologen berichten, daß wir diejenigen, die wir lieben und mit denen wir verbunden sind, nicht ohne große psychologische und physiologische Qual hergeben. Viele Trauernde greifen zu Zigaretten, Tabletten und Alkohol oder rauchen und trinken wesentlich mehr als bisher, um den inneren Schmerz und die Verzweiflung zu betäuben.

Statt in einem tief verzweifelten Zustand zu bleiben oder den Schmerz künstlich zu betäuben, bietet die Bibel eine Alternative. Sie berichtet z. B. von David, der sieben Tage fastete und die Nächte auf dem Fußboden verbrachte, während sein Kind krank war. Nachdem seine Knechte ihm den Tod des Kindes mitgeteilt hatten, „stand David von der Erde auf und wusch sich und salbte sich und zog andere Kleider an und ging in das Haus des HERRN und betete an. Und als er wieder heimkam, ließ er sich Speise auftragen und aß“ (nach 2. Samuel 12,20). Als die Diener fragten, warum er so reagiere, sagte er: „Kann ich es wieder zurückholen? Ich werde einmal zu ihm fahren; es kommt aber nicht wieder zu mir zurück“ (2. Samuel 12,23b).

König David war trotz all seiner Stärke nicht in der Lage, seinen geliebten Sohn zu heilen. In dieser hoffnungslosen Situation vertraute David auf Gott. Er glaubte an Gottes Kraft, zu heilen, aber er vertraute auch auf Gottes Weisheit bei der Entscheidung über das Schicksal dieses kranken Kindes. Er zeigte seine demütige Abhängigkeit von Gott, als er betete und auf Gottes Antwort wartete.

Als sein krankes Kind starb, hörte Davids Verantwortung auf. Er hatte getan, was er konnte. Obwohl ihm seine Bitte verweigert worden war, blieb Davids Glaube an Gott stark. Wenn wir Gottes Plan akzeptieren, wie es König David tat, hilft das, unseren emotionalen Schmerz zu lindern.

Mit Verlusten leben

Der Tod ist nicht der einzige Verlust, der Depressionen auslösen kann.

Ablehnung ist eine andere Möglichkeit des Verlustes. Ein Kind kann zum Beispiel diesen Verlust erleben, wenn es von seiner Mutter abgelehnt wird. Wenn Ihre Mutter Sie vernachlässigt oder schlecht behandelt hat, haben Sie den „Verlust“ der Mutterliebe erlebt. Eine Mutter ist die Person, die den emotionalen Bedürfnissen ihres Kindes nachkommt. Wenn sie dies nicht tut, wird das Kind Probleme mit seinem Selbstwertgefühl haben. Es wird mißtrauisch gegenüber anderen oder aber auch übermäßige Abhängigkeit von Ihnen entwickeln. Wenn man einen Verlust an mütterlicher Liebe erlitten hat, werden andere Verluste das Gefühl dieses ursprünglichen Verlustes neu entfachen und die begleitende Depression vertiefen.

Auch der Verlust einer Arbeitsstelle oder einer sozialen Stellung reißt den Anker der Sicherheit aus dem Grund und nimmt uns den Halt, so daß wir in die Depression treiben. Der Verlust eines Gliedes oder einer Körperfunktion kann sehr schmerzhaft sein. Der Abbruch einer Beziehung durch Trennung, Scheidung oder das Errichten von emotionalen Barrieren ist eine weitere Art des Verlustes.

Bei Frauen ist der Verlust einer Beziehung die häufigste Ursache für Depressionen. Die meisten von uns sind dazu erzogen, uns voll in Beziehungen zu investieren. Die Tendenz dazu ist uns sowieso mehr oder weniger angeboren. Deshalb können zerbrochene oder aufgelöste Beziehungen für uns genau so vernichtend sein, wie ein Todesfall. Maggie Scarf, eine Spezialistin auf dem Gebiet der Depressionen bei Frauen, sagt:

> *Es sind solche „Liebesverluste", um die sich die Wolken der Depression gern zusammenziehen und sich verfinstern: wichtige Menschen gehen oder sterben; ein natürlicher Übergang in eine neue Lebensphase, bei dem man eine wichtige, liebevolle Beziehung aufgibt; eine Ehe, die zerbricht oder sich einfach immer mehr auseinander lebt.*[3]

Ich kann mich gut daran erinnern, wie ich einen „Liebesverlust" erlebte. Wir bepackten den Kleinbus mit den Habseligkeiten unserer Töchter, einschließlich ihrer Kleider, Fahrräder, Stereoanlagen und geliebten Nippesfiguren, und fuhren unsere beiden achtzehn und neunzehnjährigen Mädchen zu zwei verschiedenen Colleges. Wir entluden den Bus zur Hälfte bei dem einen College für unsere Tochter Debbie und packten die andere Hälfte bei Brendas Schule aus. Die siebenstündige Heimfahrt war eine neue Erfahrung für uns. Normalerweise hießen wir Stille willkommen wie einen friedlichen Strom. Aber dieses Mal entsprach die Stille des leeren Busses meinen inneren Gefühlen – und das war nicht angenehm.

Die Mädchen zurückzulassen, war, als müsse ich einen Teil von mir selbst loslassen. Als ich über die Vergangenheit und die Zukunft nachdachte, tat mir das Herz weh. Ich lag auf den Sitzen des Busses und wünschte, die Sonnenstrahlen würden den Schmerz meines Herzens heilen. Aber stattdessen ließen sie mich nur an sonnige Tage in der Vergangenheit denken.

Als wir zu Hause ankamen, war das Haus dunkel und still. Ich warf einen Blick in die Zimmer der Mädchen, und der Schmerz in meinem Herzen vertiefte sich. Alles war weg. Nicht nur ihre persönlichen Habseligkeiten – auch ihr freundliches Wesen war verschwunden. Als ich vor dem Zubettgehen duschte, vermischten sich meine Tränen mit dem Leitungswasser. Ich erinnerte mich an ihr Plaudern und ihr Kichern über das Spritzen eben dieser Dusche.

An Schlaf war nicht zu denken. Ich fühlte mich, als sei das Leben vorüber und ich könnte nie wieder glücklich sein. Mit geschlossenen Augen erging ich mich in nostalgischen Erinnerungen – ihre Geburt, ihre phantasievollen Spiele als Kindergartenkinder, ihre Hausarbeiten und Geburtstagsparties, ihre explosiven Jahre auf dem Gymnasium, als sie auf das Teenageralter zugingen. Es war mir wie eine überwältigende Aufgabe vorgekommen, sie durch jene Zeit zu führen, wo es als klug galt, gegen die Eltern und andere Autoritäten zu rebellieren. Lange Haare, Rockmusik, Drogen und Miniröcke durchdrangen damals unsere Gesellschaft und hatten unsere Töchter gelockt.

Meine Gedanken rasten weiter zu den letzten Jahren. Ich sah, daß sich mein Leben ausschließlich um ihre Bedürfnisse gedreht hatte. Ich war darauf programmiert, auf diese Bedürfnisse zu reagieren. Das begann am frühen Morgen, wenn ich sie zu ihren Gesangsproben fuhr, und endete, als sie zu Bett gingen und die letzten Probleme gelöst waren.

Einige Stunden später waren meine Tränen versiegt, und ich war zu einigen Entschlüssen gekommen. Eine Phase meiner Mutterschaft, einschließlich aller Fehler (und ich hatte viele Fehler gemacht), war vollendet. Ich war dankbar, daß ich für meine Mädchen dasein konnte, als sie aufwuchsen. Die Erinnerung an die schönen Zeiten würde immer mein Herz erwärmen. Ich sagte mir: *Heute beginnt ein neuer Abschnitt für die Mädchen – und für mich. Jetzt, wo sie lernen, selbst zu fliegen, muß ich die in mir schlummernden Fähigkeiten zu neuem Leben erwecken und ebenfalls meine Schwingen ausprobieren.* Endlich konnte ich einschlafen.

Als am nächsten Morgen die Sonne aufging, war mir klar, daß meine Mädchen jetzt in ihr eigenes Leben aufbrachen. Ich mußte jetzt neu beginnen. In jenem Jahr eröffnete ich stundenweise eine Praxis für psychologische Beratung. Dafür war ich ausgebildet, ich hatte diese Tätigkeit aber nie professionell ausgeübt.

Es gab zwei Dinge, um die ich mir in diesem Zusammenhang Sorgen machte. Ich fragte mich, ob ich nach so langer Zeit noch psychologisch beraten könnte – meine Ausbildung lag dreizehn Jahre zurück. Dann war ich unsicher, ob ich den Mut haben würde, den genau festgelegten Terminplan meiner Familie zu ändern. Mein Mann und mein dreizehnjähriger Sohn würden sich Donnerstag abends das warme Essen selbst machen müssen, denn die Therapiearbeit war bis neun Uhr angesetzt. Am Anfang waren das meine Hauptsorgen. Aber letztendlich war durch meine Arbeit für uns drei nur eine geringe Umorganisation notwendig.

Es stellte sich heraus, daß die Arbeit auch für mich von therapeutischem Wert war. Sie half mir, über Wasser zu bleiben, wenn ich in das Gefühl der Einsamkeit und des Abgeschnitten-Seins versinken wollte, weil ich unsere Töchter „verloren" hatte. Ehrlich gesagt, ich hätte die Neigung gehabt, mehr Zeit von meinem Mann zu fordern und mich übermäßig in das Leben unseres Sohnes einzumischen. Aber meine neue Unabhängigkeit, die mir der Einstieg in den Beruf ermöglichte, war eine wirksame Waffe gegen diese Abhängigkeit. Und sie erwies sich als ein Mittel gegen meine Depressionen, wodurch unsere familiären Beziehungen geschützt wurden.

Was passiert, wenn wir all unsere Energie darauf verwenden, Beziehungen zu reparieren und zu flicken? Wenn wir unser eigenes Potential vernachlässigen, während wir andere glücklich machen wollen, riskieren wir emotionale Verwundungen. Wir müssen irgendwo in unserem Leben selbständig werden. Dadurch erlangen wir Selbstvertrauen. Die Wahrscheinlichkeit, daß wir uns einsam, hilflos und abhängig – und anschließend depressiv – fühlen, ist dann nicht so groß. Sonst kann es passieren, daß wir das, was wir zu erhalten versuchen, zerstören.

Die Bibel beschreibt einen Weg, wie wir die Abhängigkeit und die Unabhängigkeit unseres Wesens ausbalancieren können: „Denn jeder wird seine eigene Last tragen müssen" (Galater 6,5) und „Einer trage des anderen Lasten, so werdet ihr das Gesetz Christi erfüllen" (Galater 6,2). Dieser Spannung müssen wir uns aktiv stellen. Einige von uns müssen all ihren Mut zusammennehmen, um nicht in eine übermäßige Abhängigkeit von ihren Familien zu geraten. Andere von uns müssen sich davor hüten, in die entgegengesetzte Falle zu laufen und sich zu sehr mit sich selbst zu beschäftigen.

Nicht mehr Herr der Lage!

Fragen Sie sich einmal selbst: *Bin ich übermäßig in meine private Welt verwickelt? Vernachlässige ich meine Hauptaufgabe, mich um meine Familie und mein Heim zu kümmern und meine geistlichen Gaben einzusetzen?*

Wenn eine Frau ihre ganze Kraft in ihre Karriere steckt oder nur ihren persönlichen Wünschen nachgeht, kann es sein, daß sie wegen der anderen Bereiche ihres Lebens, in denen sie die Kontrolle verliert, Depressionen erlebt. Sie wird sich schuldig fühlen, weil sie ihre Verpflichtungen zu Hause schleifen läßt oder sich keine Zeit für Engagement in der Gemeinde nimmt.

Einmal berichtete mir eine dreiundzwanzigjährige Mutter darüber, wie ihre Depressionen mit dem unausgeglichenen Lebensstil ihrer Mutter zusammenhingen. Marlene war in einer Atmosphäre der Erschöpfung groß geworden. Ihre Mutter, die durch ihre langen Arbeitszeiten außer Haus überlastet war, vernachlässigte ihre Tochter. Marlene sagte: „Als ich im Kindergarten war, ließ mich meine Mutter während des Tages allein, ohne daß ich etwas zu essen hatte. Ich erinnere mich noch lebhaft an die Hungerschmerzen und die Enttäuschung, weil ich den Türgriff des Kühlschranks nicht erreichen konnte. Ich saß dann auf dem fettigen, braunen Linoleumfußboden und weinte. Wenn ich nach oben sah, erblickte ich Stapel von schmutzigem Geschirr, die mein Gefühl der Hilflosigkeit noch verstärkten, denn ich war zu klein, um die Spüle zu erreichen und selbst abzuwaschen."

Das Gefühl der Hilflosigkeit legte sich, als sie alt genug war, um selbst für sich zu sorgen, aber die Depressionen kamen wieder, als sie die volle Verantwortung für ihr eigenes Heim hatte. Schluchzend erklärte sie: „Wenn sich in meiner Familie die Berge von schmutzigem Geschirr im Becken häufen, werde ich depressiv. Ich gehe in mein Schlafzimmer, ziehe die Decke über den Kopf und weine."

Marlenes Kindheitserfahrungen und die damit verbundenen Gefühle explodierten mit Macht in ihren Gedanken und in ihrem Herzen. Es fiel dieser jungen Frau schwer, ihre gegenwärtige Situation von ihren Kindheitserfahrungen zu trennen. Jetzt war sie erwachsen und konnte etwas gegen das schmutzige Geschirr unternehmen. Heute war es ihre Verantwortung. Marlene mußte lernen, disziplinierter zu leben. Nur so würde sie ihre Depressionen überwinden können. Sie konnte neue Verhaltensmuster entwickeln, die mit angenehmen Gefühlen verbunden waren.

Sich unter der Bettdecke zu verstecken, ist typisch für Depressionen. Aber es ist kein Mittel gegen sie. Und es ist auch ganz gleich, welche

Mengen von Wundermitteln wir aus dem Arzneischrank nehmen – sie werden uns nicht kurieren. Antidepressiva behandeln eine chemische Unausgewogenheit im Gehirn und können Depressionen kurieren. Aber die Tabletten werden mißbraucht, wenn man sie nimmt, um unangenehmen Situationen aus dem Weg zu gehen. Wenn eine Frau zum Beispiel Streit mit ihrem Mann hat, sich aber innerlich darüber ärgert, kann sie das Thema umgehen, eine Pille nehmen und sich besser fühlen – vorübergehend. Aber dadurch ist die Beziehung nicht besser geworden. Die Depressionen setzen sich auf einer tieferen Ebene fest.

Es gibt bessere Methoden, sich mit Konflikten auseinanderzusetzen, als Tabletten zu nehmen und die Situation zu ignorieren. Marlene hätte die eigene Verantwortung in ihrer Situation untersuchen können und sich die Frage stellen: „Welche Aufgaben müssen in meinem Haushalt unbedingt erledigt werden? Was unternehme ich, um mich selbst zu verändern, damit unser Haushalt rationeller geführt wird?"

Man braucht Mut, um Verantwortung zu übernehmen. Es ist mutig, die wichtigsten Dinge zuerst zu tun und sich um die Bedürfnisse der Familie zu kümmern – die Bettdecke zur Seite zu werfen und den Abwasch zu erledigen, die schnellen Lösungen mit Tabletten sein zu lassen und sich für einen selbstsüchtigen Geist zu entschuldigen.

Die Falle des Perfektionismus

Depressionen haben häufig mit Perfektionismus zu tun. Streben Sie nach dem Unerreichbaren? Sind Ihre Ziele – ein perfekter Haushalt, eine perfekte Arbeitssituation, perfekte Kinder und das perfekte Leben – vielleicht zu hoch gesteckt?

Perfektionismus ist etwas anderes als das gesunde Streben nach qualitativ guter Arbeit. Wir sollten Aufgaben, denen wir gewachsen sind, so gut es geht meistern. Depressionen treten auf, wenn der Unterschied zwischen unseren Zielen und der Realität zu groß wird, d. h. wenn wir mehr wollen als machbar ist. Wenn eine Perfektionistin einen persönlichen Standard nicht erreicht, klagt sie sich selber an und fühlt sich wie eine Versagerin.

Jede von uns genießt es, barfuß über unseren frisch gesaugten Teppich zu gehen, in unsere frisch geputzte Küche zu treten oder an einem elegant gedeckten Tisch mit frischen Blumen aus unserem eigenen Garten zu essen. Aber es ist unmöglich, jeden Tag so zu genießen. Das ist ein unrealistischer Standard, es sei denn, wir haben eine Haushaltshilfe oder machen diese Sache zu unserer obersten Priorität.

Eine ästhetisch veranlagte Frau freut sich über Schönheit und den Geruch von Frische in ihrem Heim. Sie tut etwas, um eine angenehme Umgebung zu schaffen. Muß sie sich dabei zwanghaft verhalten? Mit Sicherheit nicht. Sie kann Schönheit schätzen, ohne zu glauben, ihr Heim müsse absolut fleckenlos sein, um andere zu beeindrucken oder sich selbst von ihrem Wert zu überzeugen.

Julie, eine junge Mutter Mitte Zwanzig, war perfektionistisch veranlagt. Allerdings wäre niemand von selbst darauf gekommen. Ihr Heim war ein heilloses Durcheinander, und ihre Kinder waren ungepflegt. Im Gymnasium war sie beliebt gewesen. Sie hatte eine anziehende Persönlichkeit, einen ungewöhnlich hohen moralischen Standard und gute Zensuren, und man war der Meinung, daß sie einmal sehr erfolgreich sein würde.

In jenen Jahren erreichte Julie die meisten ihrer Ziele und war sich der Anerkennung durch andere Gleichaltrige sicher. Nach einem Jahr im College heiratete sie glücklich ihren alten Klassenkameraden, der das College bereits abgeschlossen hatte. Nach einem weiteren Jahr hatte sie leichte Depressionen. Sie wollte ihren Mann und ihre Schwiegermutter damit beeindrucken, den Haushalt perfekt in Schuß zu halten und die perfekte Ehefrau zu sein.

Sie sagte: „Nachdem unsere Kinder mit nur einem Jahr Abstand geboren waren, verschlimmerten sich meine Depressionen. Ich wurde so depressiv, daß ich gar nichts mehr tat. Ich lag bis zum Mittag im Bett und hörte, wie unsere Babys in ihren nassen, schmutzigen Windeln weinten. Ich hoffte, daß mein Mann zum Mittagessen nach Hause kommen und sich um sie kümmern würde."

„Mir war klar, daß unser Haushalt ein einziges Chaos war. Überall lag schmutzige Wäsche herum. In der Spüle standen ungespülte Töpfe und Pfannen. Trotzdem hatte ich keinerlei Verlangen, etwas zu tun." Als sie den Grund für ihren depressiven Zustand erkannte, sagte sie: „Ich sah die Frau in Sprüche 31 als meinen Standard. Als ich versuchte, so wie sie alles zu tun und es perfekt zu tun, stellte sich dieses Ziel als so unerreichbar heraus, daß ich mich sowohl als Hausfrau als auch als Ehefrau und Mutter wie eine Versagerin fühlte. Daraufhin tat ich dann gar nichts mehr. Wenn ich die Töpfe nicht perfekt schrubben konnte, schrubbte ich sie eben gar nicht – und dasselbe galt für die Wäsche oder den Hausputz oder sonst etwas."

Statt der Frau in Sprüche 31 hatte Julie eine Superfrau als Modell für ihre Lebensprinzipien vor Augen. Sie wollte diese ideale Frau sein und sofort all die Energien, Ambitionen und die Freundlichkeit haben, die dem Charakter dieser prächtigen Frau aus Sprüche 31 innewohnten. Wenn sie nur genauso großartig wäre, wie diese Frau, dann würde sie sich genauso wertvoll und wichtig fühlen, wie sie sich im Gymnasium gefühlt hatte. Aber das Ideal schien wie ein Luftballon immer höher zu steigen, blieb immer außer Reichweite, und sie fühlte, wie sie tiefer in die Verzweiflung sank.

Eine Perfektionistin überträgt ihre hohen Maßstäbe oft auch auf ihr Leben als Christ. Das Ergebnis ist, daß sie sehr leicht das Gefühl hat, zu scheitern. Zeugnisgeben, Beten und Lieben gehören für die christliche Frau zum Lebensstil. Aber eine Perfektionistin, die geistlich übersensibel ist und von dem Schuldgefühl geplagt wird, nicht genug zu tun, verlangt sich selbst ein hohes Arbeitspensum ab. Für gewöhnlich hat sie eine lange Liste von Dingen, die „ein Muß“ sind.

Während sie ihren „Pflichtenkoffer“ mit sich herumschleppt, sucht sie den Himmel nach Gottes Anerkennung ab. Und so, wie das irdische Gesicht ihrer Mutter oder ihres Vaters immer an ihre Fehler erinnerte und sie darauf aufmerksam machte, was nicht richtig war, so scheint sich auch das himmlische Gesicht abzuwenden oder zu sagen: „Das kannst du noch besser machen. Du mußt mehr tun.“

Zunächst muß ein perfektionistischer Mensch versuchen, das falsche Bild von Jesus durch ein korrektes Bild von ihm zu ersetzen. Die Bibel hat ein solches Bild von Jesus in Johannes 4 gezeichnet. Er trifft eine Frau, die fünfmal verheiratet war und zum Zeitpunkt ihrer Unterhaltung in wilder Ehe lebte. Jesus lobte die Frau, weil sie die Wahrheit über ihr Leben sagte, aber er ging nicht stillschweigend über ihre Sünde hinweg. Die Frau wußte auf Grund ihrer Unterhaltung, daß Jesus sie verstand und an ihr interessiert war.

Jetzt versuchen Sie einmal, sich selbst im Gespräch mit Jesus vorzustellen. Stellen Sie sich vor, Sie hätten eine offene, ehrliche Beziehung zu Jesus. Er liebt Sie mehr, als es ein Mensch auf Erden kann. In der Beziehung zu ihm haben Sie an allem gemeinsam Anteil. Sehen Sie, wie Sie mit ihm allein in einer friedevollen, angenehmen Umgebung spazieren gehen, vielleicht auf einem Feldweg auf dem Lande unter einem sonnigen Himmel. Erzählen Sie ihm von sich, von Ihren Problemen und Ihren Wünschen. Bekennen Sie ihm den persönlichen Stolz, alles besser machen zu wollen als alle anderen, und bekennen Sie den Groll, den Sie in sich getragen haben.

Konzentrieren Sie sich einen Augenblick lang auf dieses Bekenntnis und auf den, der Ihnen vergibt. Erkennen Sie, daß Ihre Sünde vergeben ist, und nehmen Sie diese Vergebung an. Stellen Sie sich vor, wie Ihre

Sünde vor Ihren Augen verschwindet, wie Kieselsteine, die über eine Klippe den Berg hinunter fallen. Jetzt ist sie weg.

Ihr bekennendes Gebet ist vielleicht der Glaubensschritt, den Sie brauchen, um Christus als Ihrem Retter zu vertrauen und eine Beziehung mit ihm zu beginnen. Vielleicht ist Ihr Sündenbekenntnis auch der Schritt, den Sie tun mußten, um die Barriere in Ihrer Beziehung zu Christus zu entfernen, durch die Sie immer das Gefühl hatten, weit weg von ihm zu sein. In 1. Johannes 1,7 lesen wir: „Wenn wir aber im Licht leben, wie er im Licht ist, haben wir Gemeinschaft miteinander, und das Blut Jesu, seines Sohnes, macht uns rein von aller Sünde." Er vergibt Ihnen jetzt, und Sie können ihm glauben, daß er Sie auch in der Zukunft von Ihren Sünden reinigen wird.

Und schließlich, hören Sie sich noch Jesu Angebot an, wie wir in Freundschaft mit ihm zusammenarbeiten können: „Kommt her zu mir alle, die ihr mühselig und beladen seid; ich will euch erquicken. Nehmt mein Joch auf euch und lernt von mir; denn ich bin sanftmütig und von Herzen demütig; so werdet ihr Ruhe finden für eure Seele. Denn mein Joch ist sanft, und meine Last ist leicht" (Matthäus 11,28-30). Wenn Sie sich erschöpft fühlen von Ihren Bemühungen und es leid sind, nach einem Buch voller langweiliger Regeln zu leben, gibt Ihnen Jesus eine willkommene Einladung. Er sagt: „Nimm mich an und folge meinen Prinzipien in Liebe, und ich, ein sanftmütiger, geduldiger Lehrer, werde nahe bei dir bleiben und dir helfen, meinem Beispiel zu folgen."

Vom Umgang mit Schuldgefühlen

Schuldgefühle sind einer der Hauptfaktoren bei Depressionen. Vielleicht sind Sie schuldig und haben gesündigt, vielleicht sind Sie auch nur unsicher. Es ist schwer, Schuldgefühle zu durchschauen.

Wenn Ihre Schuldgefühle damit verbunden sind, daß Sie Gottes Gebote übertreten haben, ist Ihre Schuld begründet. Wenn Ihre Gefühle aber nicht mit der Verletzung irgendeines bestimmten biblischen Gebotes zusammenhängen, sondern von Selbstverdammnis herrühren, dann erleben Sie falsche Schuld.

Wenn wir unsere Sünde lassen und Gott um Vergebung bitten, vergibt er uns, und wir beginnen, heil zu werden. König David ist ein klassisches Beispiel für einen Menschen, der erlebte, wie er von wirklicher Sünde heil wurde. Hören Sie, wie er seine Schuldgefühle nach seiner ehebrecherischen Affäre beschreibt: „Denn als ich es wollte verschweigen, verschmachteten meine Gebeine durch mein tägliches Klagen. Denn deine Hand lag Tag und Nacht schwer auf mir, daß mein Saft vertrocknete, wie es im Sommer dürre wird. Darum bekannte ich dir meine Sünde, und meine Schuld verhehlte ich nicht. Ich sprach: Ich will dem Herrn meine Übertretungen bekennen. Da vergabst du mir die Schuld meiner Sünde" (Psalm 32,3-5).

Sünde trennt uns von Gott und von anderen Menschen. Sie reizt unsere Nerven und raubt uns den inneren Frieden. In seiner endlosen Liebe wartet Gott darauf, daß wir zu ihm kommen. Warum also tun wir es nicht? Aus Stolz oder auf Grund eines falschen Denkens versuchen wir, auf unsere Weise mit den Schuldgefühlen fertig zu werden. Wir versuchen, die Sünde zu verbergen, rationalisieren und leugnen sie, beschuldigen andere und die Umstände, strafen uns selbst.

Lucille, eine Frau in den mittleren Jahren, erfuhr in ihrer Beziehung zu ihrem Mann wenig Intimität. Sie arbeitete eng mit einem scheinbar erfolgreichen, verheirateten Mann zusammen, zu dem sie sich immer stärker hingezogen fühlte. Sie fädelte eine geheime Affäre ein, die sie als „himmlisch" pries. Aber in die Erregung ihrer Leidenschaft mischten sich Schuldgefühle. Sie wußte, daß sie das Vertrauensverhältnis zu ihrem Mann gebrochen hatte und einem Gebot Gottes ungehorsam gewesen war.

Nach einiger Zeit fand Lucilles Liebhaber eine andere Frau. Alles, was ihr blieb, war die Asche einer toten Romanze und quälende Schuld. Sie erlebte die Demütigung der Ablehnung. Voller Scham lief sie vor Gott davon und trennte sich damit selbst von der Quelle ihrer Kraft. In äußerster Verzweiflung versuchte sie, sich das Leben zu nehmen. Ein Röhrchen mit Tabletten schien die Antwort zu sein. Einige christliche Freunde fanden sie, wie sie über dem Lenkrad ihres Wagens zusammengesunken war, und retteten durch ihre schnelle Reaktion Lucilles Leben.

Das war die Wende. Mit der Zeit trat Heilung ein. Lucilles Wiederherstellung dauerte lange und war schmerzhaft. Viele Monate später stellte sie sich dem Herrn und bat ihn um Vergebung. Schließlich suchte sie auch die Vergebung ihres Mannes.

Gott will, daß wir in unserem Inneren wahrhaftig sind. Wenn wir uns der Wahrheit über unser falsches Handeln stellen, können die Depressionen von uns abfallen und die Freude unserer Errettung kann wiederkehren (Psalm 51,8.14). Gott wartet voll Liebe darauf, uns freizusetzen. Er *verspricht* uns Vergebung, wenn wir ihn bekennen (1. Johannes 1,9).

Ob unsere Herzen durch eine außereheliche Affäre verhärtet sind oder ob wir verbittert sind, weil man uns ungerecht behandelt hat. Gott ist voller Mitgefühl. Er vergibt uns, wenn wir uns an ihn wenden. Die Härte unserer Herzen schmilzt. Er verwandelt unseren niedergeschlagenen Geist und unser düsteres Gesicht, so daß sie leuchten wie die Strahlen der Sonne nach dem Regen.

Kreativität im Kampf gegen die Verzweiflung

Zwei Frauen, beide im selben Alter, wählten einen kreativen Weg, um die Verzweiflung von sich fernzuhalten. Beide waren Christen – die eine seit ihrer Kindheit, die andere erst ein paar Jahre –, beide waren Mütter von Teenagern, beide waren mit einem Arzt verheiratet, und beide hatten sie denselben Feind: Krebs. Die zwei entschlossen sich, während ihrer schrecklichen Krankheit Kontakt zu halten. Das Resultat war, daß ihrer beider Leben durch eine ungewöhnliche Freundschaft verbunden wurde.

Wer könnte die Gefühle eines Menschen, der seine Gesundheit verliert, oder die extreme Übelkeit während der Chemotherapie oder die Schwere des Herzens angesichts der hoffnungslosen Zukunft, besser verstehen, als ein Freund, der dieselbe schreckliche Krankheit durchlebt hat?

Jeden Montag trafen sich die Frauen, mal bei der einen, mal bei der anderen zu Hause, und verbrachten den Tag zusammen. Sie sprachen nicht nur über ihre Gefühle, sie ermutigten sich auch, indem sie sich über Schriftstellen austauschten, die für sie wichtig waren, und sie beteten und priesen Gott. Nach ihren Anbetungszeiten nahmen sie tapfer schwere Projekte in Angriff, für die sie sich entschieden hatten. Sie waren in einem Raum, aber jede saß allein auf einem Stuhl und schrieb Briefe an jedes ihrer Kinder. Jeder Brief enthielt die Erinnerungen der Mutter an das Kind, Lektionen aus ihrem eigenen Leben und Worte der Liebe für dieses Kind. Die Briefe wurden in ein Schatzkästchen gelegt, das erst nach dem Tod der Mutter geöffnet werden sollte, wenn das Kind ein bestimmtes Alter erreicht hatte. Eine der Mütter, die eine junge Tochter hatte, schrieb von ihren Gefühlen, als ihre Tochter dreizehn wurde und erklärte, wie ihr Kolosser 3,23 geholfen hatte.

Freundschaft half diesen beiden Frauen, ihre tiefste Dunkelheit zu vertreiben. Sie richteten ihre Konzentration nicht auf sich selbst, sondern nach außen: auf einander, auf ihre Kinder und auf Gott. Sie trafen Vorsorge für die Zukunft, indem sie sowohl im Himmel als auch auf Erden eine Schatztruhe bauten.

Heute füllen sich die Augen der einen Freundin mit Tränen, wenn der

Name der anderen erwähnt wird. Ihre Gefährtin ist jetzt im Himmel. Der beste Teil ihrer Freundschaft war, immer mehr wie Christus zu werden. Aber jetzt wächst die eine von ihnen im Glauben weiter, und die andere ist bei Christus im Himmel (2. Korinther 5,8).

Fit sein in jeder Hinsicht

Wir sind den häufigsten Ursachen für Depressionen nachgegangen und haben von den wichtigsten Möglichkeiten gesprochen, wie man einem betrübten Geist helfen kann. Wenn wir uns niedergeschlagen fühlen, müssen wir uns selbst sagen: *Es wird mir wieder besser gehen.* Wenn wir Zeit mit Gott verbringen, kann uns das aus unserem Tief heraushelfen.

Diejenigen, die immer wieder oder über längere Zeiträume hinweg Depressionen erleben, müssen vorbeugende Maßnahmen ergreifen. Wenn sie in regelmäßigen Abständen einen Therapeuten aufsuchen, kann sich ihr Zustand stabilisieren und Probleme verhindert werden. Eine Person oder eine Gruppe, die Sie unterstützt und die das zerstörerische Potential der Depressionen versteht, kann Ihnen bei Ihrem Kampf helfen.

Aber unser stärkster Verbündeter ist unsere feste Beziehung zu Christus. Wenn uns die Einsamkeit zu verschlingen scheint oder unsere Gedanken verwirrt sind und wir uns nicht in der Lage fühlen, mit Gott Verbindung aufzunehmen, versteht uns Jesus. Wie tröstend! Er liebt uns weiter und versucht, uns zu erreichen. Er sehnt sich nach uns und wartet darauf, daß wir Zeit mit ihm verbringen.

Es wird für jeden von uns nützlich sein, regelmäßig die Hilfen in der folgenden Checkliste durchzugehen. Diese Tips sind besonders hilfreich, wenn Sie melancholisch veranlagt sind – empfindsam, nachdenklich, schwermütig, perfektionistisch. Überprüfen Sie sich selbst, *bevor* die Depressionen einsetzen. Nutzen Sie diese Vorschläge, um ihre Herrschaft abzuwenden.

Checkliste: Depressionen abwehren

Körperliche Fitness

1. Lassen Sie sich regelmäßig von einem Arzt untersuchen.
2. Achten Sie auf eine ausgewogene Ernährung.
3. Achten Sie darauf, daß Sie einen regelmäßigen Schlafrhythmus einhalten.

4. Treiben Sie regelmäßig Sport, mindestens dreimal pro Woche.
5. Rechnen Sie mit hormonellen Veränderungen während Ihres Menstruationszyklus, nach der Geburt eines Kindes und während der Wechseljahre.
6. Vergessen Sie nicht, daß es für schwere Depressionen Antidepressiva gibt.

Seelisch-emotionale Fitness

1. Haben Sie eine klare Vorstellung davon, wer Sie sind. In Gottes Augen sind Sie wertvoll. Darum können Sie sich selbst annehmen.
2. Erkennen Sie Ihre starken Seiten, und akzeptieren Sie Ihre Unvollkommenheiten.
3. Stellen Sie sich Ihren Problemen.
4. Versuchen Sie, sich realistische Ziele zu setzen, die Sie erreichen können. Das stärkt Ihr Selbstvertrauen.
5. Konzentrieren Sie sich auf Ihr persönliches Verhalten, verlassen Sie sich nicht nur auf Ihre Gefühle. Gefühle sind weder richtig noch falsch; nur die Art, wie wir mit unseren Gefühlen umgehen, macht sie richtig oder falsch.
6. Lernen Sie, sich selbst um Ihre Angelegenheiten zu kümmern; verlassen Sie sich nicht auf andere.
7. Verbringen Sie Zeit mit Ihrer Familie und Freunden. Machen Sie anderen mal eine Freude.
8. Machen Sie den Mund auf; ziehen Sie sich nicht zurück; äußern Sie Ihre persönlichen Meinungen, Gefühle und Wünsche.
9. Lernen Sie „Nein" zu sagen.
10. Teilen Sie jeden Tag so ein, daß er Arbeit, Entspannung und Anbetung enthält.
11. Pfeifen Sie bei der Arbeit.

Geistliche Fitness

1. Begegnen Sie Gott persönlich durch seinen Sohn Jesus Christus (Johannes 1,12).
2. Suchen Sie Vergebung für jede Sünde, die Sie von Gott oder von anderen trennt. Folgen Sie Davids Beispiel, der Gott seine Schuld bekannte (Psalm 32).

3. Vertrauen Sie Gott, daß er Sie liebt und Ihren Mangel ausfüllt (Psalm 147,3).
4. Stärken Sie Ihre Beziehung zu Gott in der Stillen Zeit. Dann kann er Ihnen eine neue Perspektive zeigen, wie er es bei David tat, als er ins Heiligtum ging (Psalm 73,17).
5. Vertreiben Sie Wut und Bitterkeit, indem Sie alles aufschreiben oder sich einem Menschen anvertrauen. Sie können auch Gott gegenüber alles aussprechen, was Sie bedrückt, genauso wie Hanna es tat (1. Samuel 1,10).
6. Hören Sie auf mit Ihrem negativen Denken. Es fördert nur die Depressionen. Wenn Sie auf andere Menschen negativ reagieren, werden Sie immer weiter nach unten gezogen. Genau so war es Jona ergangen, der sich so lange aufregte und grübelte, bis er sterben wollte (Jona 4,3-9).
7. Lernen Sie Gottes Wort auswendig. Ersetzen Sie negative Gedanken durch Gottes Verheißungen. Auf Seite 56 - 57 finden Sie mutmachende Verse aus der Bibel.
8. Studieren Sie, wie Gott mit Elia arbeitete und er seine Depressionen überwand (1. Könige 19,1-15).
9. Beten Sie und bitten Sie Gott um Hilfe, wenn die Anforderungen zu hoch sind, wie es Mose tat, als er wegen seiner schweren Last zu Gott schrie (4. Mose 11,14).
10. Preisen Sie Gott für seine Segnungen. Dies ist die beste Therapie für einen schwermütigen Geist. Beten Sie ihn an, wie es Maria tat: „Meine Seele erhebt den Herrn, und mein Geist freut sich über Gott, meinen Heiland; denn er hat seine Magd in ihrer Niedrigkeit angesehen. Siehe, von nun an werden mich alle Geschlechter selig preisen" (Lukas 1,46b-47).
11. Preisen Sie Gott. Nehmen Sie ein Liederbuch zur Hand und singen Sie zum Beispiel: „Welch ein Freund ist unser Jesus".
12. Suchen Sie sich einen Freund, mit dem Sie über Ihre Gefühle reden können. Gemeinsam können Sie die Einsamkeit vertreiben und gegen den rastlosen Angreifer „Depression" ankämpfen.

Gottes Versprechen, wenn Sie depressiv sind:

* *Und ob ich schon wanderte im finstern Tal, fürchte ich kein Unglück; denn du bist bei mir, dein Stecken und Stab trösten mich.* (Psalm 23,4).
* *Der Gott der Hoffnung aber erfülle euch mit aller Freude und Frieden im*

Glauben, damit ihr an Hoffnung immer reicher werdet durch die Kraft des heiligen Geistes ... (Römer 15,13a).

* *Ich tilge deine Missetat wie eine Wolke und deine Sünden wie den Nebel. Kehre dich zu mir, denn ich erlöse dich!* (Jesaja 44,22a).
* *So laßt uns nun durch ihn allezeit Gott das Lobopfer darbringen; das ist die Frucht der Lippen, die seinen Namen bekennen* (Hebräer 13,15).
* *Wir sind von allen Seiten bedrängt, aber wir ängstigen uns nicht. Wir sind ratlos, aber wir verzagen nicht. Wir leiden Verfolgung, aber wir werden nicht verlassen. Wir werden unterdrückt, aber wir kommen nicht um ...* (2. Korinther 4,8-9).

Anmerkungen

[1] Don Baker und Emery Nester, *Depression* (Portland, Oregon: Multnomah, 1983), S. 7.
[2] ibidem, S 54.
[3] Maggie Scarf, *Psychology Today* (April 1979).

5. Wut ist wie ein Streichholz

Wie man seine Flamme konstruktiv nutzt

Wir waren im Urlaub, und eines Abends nach dem Essen bemerkte Dave beiläufig: „Ich glaube, du bist zu schwach, um einen Tennisball zu schlagen." Ärger durchzuckte mich und wühlte mein Inneres auf.

Mein Mann hatte mich an einem wunden Punkt getroffen. Seit meiner Schulzeit hatte ich mich um meine körperliche Fitness nicht sonderlich bemüht, aber nun war ich plötzlich gezwungen, darüber nachzudenken. Innerlich verteidigte ich mich und dachte an all die Situationen, in denen ich meine Stärke zeigte. *Weiß Dave denn nicht, wieviel Energie es kostet, sich um unsere drei Kinder und unser Heim zu kümmern? Wie kann er sagen, ich sei schwach?*

Innerlich fühlte ich mich von meinem Mann herabgesetzt. Je länger ich darüber nachdachte, um so ärgerlicher wurde ich. Ich fühlte mich genauso wie damals, als ein Mitglied des Gemeindekomitees sich über ein falsch geschriebenes Wort in meinem Brief an die Eltern lustig gemacht hatte. Mir fiel eine weitere schmerzliche Situation ein, als eine gelernte Näherin im Ärmel meines selbstgenähten Kleides ein Fältchen entdeckte. Sie legte den Finger darauf und sprach vor einer Gruppe von Freunden über den Fehler. In beiden Situationen sagte ich nichts zu den Frauen, aber ich weiß noch, daß ich so wütend war, daß ich am liebsten explodiert wäre und gesagt hätte: „Eine Schönheit sind Sie ja auch nicht gerade!"

Jetzt wollte ich es meinem Mann aber geben. „Glaub doch ja nicht, du wärst so toll, nur weil du Sport treibst und stark bist." Aber ich behielt die Worte für mich und ging zu Bett. Als ich so dalag, konnte ich förmlich sehen, wie ich einen Tennisball mit explosiver Kraft traf.

Wodurch wird Wut entfacht?

Erinnern Sie sich noch, als Sie das letzte Mal wütend waren? Wie haben Sie reagiert? Als Ihnen eine Freundin sagte, wie sie etwas tue, zum Beispiel, wie sie Auto fahre, hatte sie da angedeutet, daß *Ihre* Fahrweise schlechter sei? Wie haben Sie sich gefühlt? Was haben Sie getan? Ärger erzeugt Wut. Die Art, wie wir auf Ärger reagieren, gießt entweder Öl in die Flamme oder vertreibt die Wut.

Regen Sie sich schnell auf, wenn etwas nicht so klappt, wie Sie es sich vorgestellt haben? Wenn Sie z. B. Golfspielen lernen wollen oder wenn Sie versuchen, sich mit Ihrem Mann zu unterhalten und er hört Ihnen gar nicht zu? Immer wenn wir unsere Ziele nicht erreichen, oder wenn etwas unsere selbstsüchtigen Wünsche blockiert, sind wir enttäuscht und frustriert. Und häufig reagieren wir dann ärgerlich und wütend.

Auch alltägliche Ereignisse können uns frustrieren und unseren Ärger provozieren. Dazu ist gar nicht allzuviel nötig. Der Geschirrspüler geht kaputt, die Kinder hören nicht, sondern tun, was sie wollen, oder das Telefon klingelt während des Essens.

Wahrscheinlich kennen Sie das auch: Nach einem besonders hektischen Tag fallen Sie todmüde ins Bett. Sie haben die frisch duftende Bettdecke bis zum Kinn hochgezogen, Ihren müden Körper in die richtige Position gebracht und sind in einen wunderschönen Schlaf gesunken. Dabei haben Sie noch gemurmelt: „Gott sei Dank! Morgen habe ich einige wichtige Dinge zu erledigen, ich muß früh aufstehen und den ganzen Tag fit sein." Aber Ihr tiefer, köstlicher Schlaf wurde von grellem Licht, dem Knallen einer Tür und dem Gefühl, daß die Matratze neben Ihnen einsackt, unterbrochen. Ihr Mann kam ins Bett, und Sie waren wieder hellwach. Anschließend lagen Sie im Bett und versuchten, wieder einzuschlafen, aber es war zwecklos – Sie konnten nicht mehr schlafen.

Wahrscheinlich waren Sie frustriert. Vielleicht haben Sie vor Wut gekocht.

Unannehmlichkeiten und Frustrationen können Ärger erregen – und das gleiche geschieht, wenn unsere Gefühle verletzt werden. Wenn eine Freundin Ihnen aus dem Weg geht oder Freunde hinter Ihrem Rücken gemeine Gerüchte über Sie verbreiten, fühlen Sie sich verletzt. Wenn wir hintenherum erfahren, wie jemand, den wir mögen, über uns hergezogen ist, schmerzt das wie Insektenstiche.

Was machen Sie? Sagen Sie etwas?

Einige schmerzhafte Erlebnisse sind so schlimm, daß sie uns verfolgen und sich fest in unserer Erinnerung verankern.

Heather erinnert sich an den Tag, an dem ihr Vater damit herausplatzte: „Deine ältere Schwester wird hübscher als du." Sie war erst zehn Jahre alt. Die Kränkung war wie ein Pfeil, der sie durchbohrte, und auf die Verletzung folgte eine Flut des Ärgers. Sie sagte nichts, weder zu ihrem Vater noch zu ihrer Schwester, aber der Ärger nahm zu, und sie hatte das Verlangen, auf die beiden mit Worten einzuschlagen. Stattdessen behielt sie alles für sich und spürte, wie die Wut in ihr anstieg. Sie wollte sich Luft machen und suchte nach einem Ventil.

Wenn man verletzte Gefühle hegt und pflegt, führt das leicht zu Wut. Sie kann so groß werden, daß sich böse Gedanken in uns einpflanzen. Ich kenne eine solch wutendbrannte Frau. Sie sagte zu mir: „Mein Mann hat mich ein Jahr lang betrogen, und zwar – es ist kaum zu glauben – mit meiner besten Freundin. Zuerst tat es mir weh, aber jetzt hasse ich ihn! Am liebsten würde ich eine Pistole kaufen und ihn umbringen!"

War es falsch, daß diese Frau wütend war, weil ihr Mann sie betrogen hatte? Wie denken Sie über Wut?

Wut ist ...

Vielleicht haben Sie dieselben Vorstellungen wie ich, als ich noch jung war. Ich wurde in einer Umgebung groß, in der es falsch war, wütend zu werden. Also dachte ich: Wut darf nicht sein. In unserer Familie und bei unseren Freunden wurde Wut „das abscheuliche Gefühl" genannt. Wut war tabu. Aber obwohl man nicht wütend werden durfte, hörte ich meine Tante Polly sagen, es sei in Ordnung, „verärgert" zu sein. Jetzt ist mir klar, daß Tante Polly einfach ein anderes Wort wählte, um ihre Gefühle zu rechtfertigen.

Wir mögen davon sprechen, daß wir „sauer", „aufgebracht", „feindselig", „ärgerlich" oder „bitter" sind. Aber ganz gleich, welchen Namen wir unseren Gefühlen geben, wir sprechen von derselben Sache – Wut. Wir alle erleben Gefühle der Wut. Aber sind sie falsch?

Ärger ist eine emotionale und zugleich physische Reaktion auf ein Erlebnis oder eine Situation. Wir verspüren unterschiedlichste Grade von Ärger, angefangen von einer leichten Verstimmung bis hin zu Wut oder Tobsuchtsanfällen.

Wenn wir ärgerlich werden, beginnt unser Körper zu arbeiten. Auf Grund einer automatischen, physiologischen Reaktion verwandelt er Gefühle in Energie. Wenn die Wut zu voller Stärke gelangt ist, erfüllt sie den ganzen Körper und bereitet ihn auf eine Aktion vor. Wenn wir dieser

Energie freien Lauf ließen, wären wir fähig, anderen weh zu tun und sie zu demütigen oder gar mit roher Gewalt zu verletzen.

Aber die Energie, die durch die Wut erzeugt wird, kann gezügelt und umgelenkt werden. Sie kann uns zum Beispiel den Anstoß dazu geben, Konflikte auf gesunde Weise mit unserem Ehemann auszudiskutieren. Sie kann uns dazu veranlassen, unseren Kindern mit starker Überzeugung Werte zu vermitteln.

Wut *kann* nützlich sein. Eine weitere positive Art, die Energie der Wut auszunutzen, ist es, wenn man das Böse bekämpft, indem man entweder gegen Ungerechtigkeiten zu Felde zieht oder die Sünde anprangert. Wut kann uns Frauen zum Kochen bringen. Sie kann uns zu positiven Aktionen drängen und uns zwingen, Stellung zu beziehen, um Unrecht zu beseitigen: Wenn jemand absichtlich Geld, das älteren Menschen gehört, vergeudet; wenn Erwachsene Kinder mißhandeln; wenn gutgläubige Menschen ausgenutzt werden; oder wenn die Leidenden nicht beachtet werden.

In den Evangelien lesen wir, wie Jesus die Energie der Wut nutzte, um auf das Böse, das er sah, zu reagieren. „Und sie kamen nach Jerusalem. Und Jesus ging in den Tempel und fing an, die Verkäufer und Käufer im Tempel hinauszutreiben; und die Tische der Geldwechsler und die Stände der Taubenhändler stieß er um und ließ nicht zu, daß jemand irgendwelche Dinge durch den heiligen Bezirk trug." (Markus 11,15-16).

Wut ist wie ein Streichholz. In der Regel hat man Streichhölzer im Haus und bewahrt sie an einem Platz auf, wo man sie gut erreichen kann. Meine liegen in meiner Küchenschublade. Wenn ich ein Streichholz anzünde, gibt es eine Flamme. Ich kann diese Flamme benutzen, um eine Kerze zu entzünden, damit es schön gemütlich wird, oder um ein Feuer anzuzünden, damit es warm wird. Aber ich kann mit dieser Flamme auch eine Stange Dynamit anzünden und damit alles vernichten und zerstören.

Zerstörerische Wut

Meistens wird die Flamme der Wut auf destruktive Weise genutzt. Sie bricht aus und gibt uns genügend Energie, um Menschen zu zerstören.

Was passiert, wenn Sie von einer Party nach Hause kommen, auf der Ihr Mann mit jeder Frau gesprochen und allen seine volle Aufmerksamkeit und sein schönstes Lächeln geschenkt hat – nur Ihnen nicht? Wenn Sie sein Verhalten als eine Beleidigung oder Bedrohung interpretieren, werden Sie merken, wie sich Ärger in Ihnen regt. Was geschieht dann?

Sie können sich entscheiden, den Mund zu halten und Ihre ärgerlichen Gefühle hinunterzuschlucken. Aber wenn Sie Ihre Gefühle unterdrükken, fühlen Sie sich verletzt und zweifeln vielleicht an sich selbst. Sie werden sich selbst die Schuld geben und denken: *Ich habe ja nicht gut ausgesehen wie die anderen, oder mich nicht so benommen, daß ich die Blicke meines Mannes verdiene.*

Eine Frau, die ihre Gefühle in sich hineinfrißt, wird verschlossen und depressiv.

Gefühle sterben nicht, wenn wir sie hinunterschlucken. Sie bleiben auch nicht im verborgenen, vielmehr sickern sie bei passender Gelegenheit nach draußen. Es könnte zum Beispiel sein, daß eine Frau ihrem Partner die kalte Schulter zeigt und kein Interesse an seinen sexuellen Annäherungen hat. Oder vielleicht wird ihr Ärger umgelenkt, und sie greift nicht frontal, sondern von der Seite an. Solche Angriffe sind in der Regel subtil. Sie könnte sich zum Beispiel hartnäckig weigern, etwas zu tun, worum ihr Partner sie bittet, oder sie könnte sarkastische Bemerkungen machen. In diesem Fall könnte sie ihm Vorwürfe machen, weil er seine Schuhe unter dem Küchentisch hat stehen lassen, anstatt ihn direkt auf seine Flirterei anzusprechen. Oder sie greift die Kinder an oder hackt auf anderen Leuten herum.

Einige Menschen gehen mit ihrem Ärger um, wie meine Großmutter mit ihrem Geld: Sie sammelte solange Geldmünzen in einer Zuckerdose, bis sie genug hatte, um für ein Familienmitglied eine Überraschung zu kaufen.

Wer den Ärger sammelt, registriert jeden Schmerz und jede Beleidigung sorgfältig. Solche Menschen zahlen den Ärger so lange auf ihr Erinnerungskonto ein, bis sie genug zusammen haben, um ihn in einem Ich-zahl's-dir-heim-Plan anzulegen. Dann zählen sie vor ihrem überraschten Partner jede einzelne Verletzung auf. Sie wollen ihn damit fertig machen und dafür sorgen, daß er erledigt ist.

Jean Harris, die Direktorin einer der angesehensten privaten Vorbereitungsschulen für das College, war eine Frau, die ihren Ärger sammelt. Ihre Verletzungen waren auf zehn Seiten aufgeschrieben und an ihren Liebhaber, den Kardiologen Dr. Herman Tarnower, adressiert. Sie berichtete, wie es sie verletzt hatte, wenn er sie nicht anrief. Sie listete die Gefühle der Demütigung auf, wenn der kleine Mann mit der beginnenden Glatze sie als seine Mätresse mißbrauchte. Ihre Erinnerungsbank strömte über von wütenden Gefühlen, weil sie benutzt und dann weggeworfen worden war. Diese attraktive, gesellschaftlich hochstehende Frau überraschte den Arzt, indem sie ihn mit einer Pistole erschoß.

Manchmal versuchen wir, wütende Gefühle tief in unserem Inneren zu stauen. In unserem Haus im Mittleren Westen teilte ein Freund einen Teil unseres Kellers mit gelochten Hartfaserplatten ab und schuf so einen extra Raum für uns. Er beschriftete ein kleines Schild und steckte es an die Lochplatte. Auf dem Schild stand „Rumpelkammer", und der Raum machte seinem Namen alle Ehre. Alles, womit wir nichts anfangen konnten, wurde in die Rumpelkammer geworfen, wo es vor uns selbst und den Blicken anderer versteckt war und schließlich vergessen wurde. Ich ärgerte mich, als der Raum so voll war, daß ich die Tür nicht mehr öffnen konnte. Kurzentschlossen packte ich das Gerümpel bündelweise zusammen und warf es weg. Es war ein gutes Gefühl, all den Ramsch loszuwerden. Dadurch entstand Platz, um sinnvolle Dinge aufzubewahren.

Aufgestaute Gefühle des Ärgers oder des Grolls werden in den Rumpelkammern unseres Inneren aufgesammelt. Diese Haufen von verstecktem Gerümpel reizen uns und verursachen Depressionen. Sie rauben uns den Platz für angenehme Erinnerungen. Aufgestauter Ärger ist eine wichtige Ursache für Depressionen. Wut richtet sich unbemerkt nach innen, wenn wir versuchen, sie vor uns selbst und anderen zu verstecken.

Wenn eine Frau depressiv wird, weil sie ihre Wut unterdrückt, wird sie auf die Frage „Worüber ärgern Sie sich?" sehr wahrscheinlich antworten: „Ich bin nicht ärgerlich." Das ist ein Signal. Sie braucht fremde Hilfe, um sich durch ihre Rumpelkammer zu tasten und dem Ärger auf die Spur zu kommen. Dann kann sie beginnen, ihn auszuschalten.

Eine Frau, die explodiert, kann eine gehässige verbale Attacke loslassen und dabei den anderen entweder mit sarkastischen Bemerkungen oder direkt angreifen. Schnell verliert sie die Kontrolle über sich. Ihre Wut explodiert wie Dynamit – kraftvoll und zerstörend. Der Ausbruch beginnt für gewöhnlich mit bösen Anschuldigungen. Wenn die Frau zuläßt, daß ihre Wut eskaliert, wird sie vielleicht anfangen, zu schreien und Beleidigungen auszustoßen; oder sie greift sogar auf körperliche Gewalt zurück. Nach einem solchen Wutanfall tut es ihr vielleicht leid, und sie möchte sich entschuldigen. Aber eine Narbe bleibt zurück, die sich nicht verstecken läßt. Leider lassen sich unkontrollierte Worte und Handlungen nicht wieder rückgängig machen. Sie hinterlassen Wunden, in uns selbst und in anderen.

Die Bibel beschreibt einen Mann namens Kain, der sehr wütend wurde, weil Gott zwar das Opfer seines jüngeren Bruders annahm, seines aber nicht.

Da sprach der Herr zu Kain: Warum ergrimmst du? Und warum senkst du deinen Blick? Ist's nicht also? Wenn du fromm bist, kannst du frei den Blick erheben. Bist du aber nicht fromm, so lauert die Sünde vor der Tür, und nach dir hat sie Verlangen; du aber herrsche über sie. Da sprach Kain zu seinem Bruder Abel: Laß uns auf's Feld gehen! Und es begab sich, als sie auf dem Felde waren, erhob sich Kain wider seinen Bruder Abel und schlug ihn tot. (1. Mose 4,6-8).

Gott bot Kain eine Gelegenheit, auf seine Worte zu reagieren und über seine Wut zu sprechen. Gott fragte: „Warum bist du zornig?" Aber Kain entschied sich, Gott zu ignorieren. Sein Ungehorsam öffnete der Sünde die Tür. Kain achtete nicht auf Gottes Warnung, und das Ergebnis war, daß die Sünde über ihn herrschte.

Was antworten Sie, wenn Sie jemand fragt: „Warum sind Sie zornig?" Sagen Sie: „Ich bin nicht zornig" oder „Lassen Sie mich in Ruhe"? Oder öffnen Sie sich und reden Sie darüber? Hören Sie auf die Warnung: *Sie müssen über die Sünde herrschen.*

Eine neue Perspektive

Wenn der Ärger in Ihrem Herzen aufflackert, wie es bei Kain geschah, können Sie ihm nachgeben und zulassen, daß er wild lodert, indem Sie ihn mit negativen Gedanken füttern. Sie können sich aber auch entscheiden, ruhig darüber nachzudenken, wie Sie die Flamme dämpfen und den Ärger unter Kontrolle bekommen können. Die Richtlinie lautet: *Halten Sie inne und denken Sie nach, bevor Sie etwas unternehmen.* Wenn Situationen entstehen, die Ihren Ärger erregen, tun Sie folgendes:

Überlegen Sie. *Bevor Sie irgend etwas tun, halten Sie inne und überlegen Sie. Denken Sie über die Worte der Bibel nach: „Jeder Mensch sei schnell beim Hören, langsam beim Reden, langsam im Zorn ..." (Jakobus 1,19).*

Beten Sie. *Bitten Sie Gott, Ihnen mit positiven Gedanken zu helfen, die die negativen ersetzen. Statt sich auf die andere Person und ihr Verhalten zu konzentrieren, richten Sie Ihre Gedanken auf Gott und darauf, daß Sie zu ihm gehören. Er ist Ihnen treu. Wenn die Energie der Wut sich abgekühlt hat, bitten Sie Gott um Weisheit, damit Sie wissen, worüber Sie mit der anderen Person reden sollen.*

Suchen Sie nach dem besten Weg, Ihre Gefühle auszudrücken. *Wenn*

Sie sich über Ihren Mann ärgern, dann sagen Sie ihm offen und ehrlich, was Sie denken oder fühlen, bevor Sie zu Bett gehen (Epheser 4,26). Er weiß dann, wie Sie sein Verhalten beurteilen und was seine Worte bei Ihnen bewirken.

Achten Sie auf Ihren Tonfall. *„Eine linde Antwort stillt den Zorn; aber ein hartes Wort erregt Grimm" (Sprüche 15,1). Es ist leichter, einer sanften Stimme zuzuhören, als einer lauten oder schrillen Stimme. Ihr Gegenüber wird Ihnen viel offener begegnen und eher bereit sein, sich Ihre Kritik zu Herzen zu nehmen.*

Sagen Sie die Wahrheit. *Bauen Sie nicht eine Nebelwand von Worten auf, um Ihr verletztes Ego zu schützen. Vermeiden Sie Worte, die den anderen herabsetzen. Sie brauchen sich auch nicht selbst zu verteidigen. Sagen Sie einfach die Wahrheit, wie Sie sich fühlen und was Sie brauchen (Epheser 4,25). Wissen Sie, wie Ihr Mann Ihnen bei einem Empfang oder einem ähnlich offiziellen Anlaß helfen kann, Ihre innere Unsicherheit zu überspielen? Denken Sie darüber nach und formulieren Sie es: „Es würde mir helfen, wenn Du Deinen Arm immer einmal um mich legen würdest." Wenn wir dem anderen direkt sagen, was wir fühlen und was wir brauchen, kommen wir unserem Partner gefühlsmäßig immer näher, und wir empfinden auch Respekt für uns selbst.*

Um mit der Wut fertigzuwerden, muß man nicht nur lernen umzudenken, damit ein noch größerer Wutausbruch vermieden wird. Man muß auch die Falle des Schweigens vermeiden. Der Rückzug ins Schweigen kann zu einem Heer von anderen Problemen führen – man geht sich wegen angeblicher Kopfschmerzen abends vor dem Schlafengehen aus dem Weg, man spricht in der Öffentlichkeit schlecht über den anderen, und schließlich streitet man sich nur noch, meistens wegen Banalitäten.

Ich habe einige bittere Erinnerungen an die Zeit, als wir frisch verheiratet waren. Wenn Dave manchmal spät nach Hause kam, weil er noch mit anderen ein Spiel gemacht oder Gemeindeangelegenheiten besprochen hatte, fühlte ich mich verletzt. Ich hatte den Eindruck, daß ich unwichtig für ihn sei, weil er nicht angerufen hatte. Anstatt mit ihm darüber zu sprechen, reagierte ich mit Schweigen. Ich dachte, daß eine gute Ehefrau nicht ärgerlich sein durfte und nahm an, ich würde mich am nächsten Tag besser fühlen. Als wir uns schlafen legten, errichtete ich eine unsichtbare Mauer, die jeden emotionalen Kontakt zwischen uns unterband. Obwohl uns nur wenige Zentimeter trennten und ich die Wärme seines Körpers fühlen konnte, waren wir gefühlsmäßig meilenweit voneinander entfernt. Die schwere Stille brannte mir in den Ohren. Am nächsten

Morgen hatte sich nichts verändert. Einzig meine Verletzung ging jetzt tiefer, und ich fühlte mich noch schlechter.

Mit der Zeit lernte ich, daß es keine Sünde war, ärgerlich zu sein, daß es aber möglich war, im Ärger zu sündigen. Paulus bemerkt dazu: „Zürnt ihr, so sündigt nicht ..." (Epheser 4,26). Es war nicht richtig, daß ich mich verschlossen hatte. Als ich mich weigerte, meine Gefühle auszudrücken, verschwendete ich Energie. Liebe und Freude waren blockiert.

Wenn ich jetzt ärgerlich werde, versuche ich, durch einen willentlichen Entschluß meinen Groll zu äußern. Mit einigen wenigen Worten kann ich eine Unterhaltung in Gang setzen, die direkt und aufrichtig ist. Ich habe gelernt, meinen Zorn unter Kontrolle zu haben. Ich kann unsere Beziehung aufbauen, wenn ich zugebe: „Ich fühle mich – vernachlässigt", oder wenn ich sage: „Es ist für mich wichtig, wenn du – anrufst, falls du zu spät kommst." Das ist die Methode, die uns das Neue Testament lehrt, um mit unserem Ärger fertigzuwerden. „Zürnt ihr, so sündigt nicht; laßt die Sonne nicht über eurem Zorn untergehen, und gebt dem Teufel keinen Raum" (Epheser 4,26-27).

Eine reife, christliche Frau zeichnet sich dadurch aus, daß sie nach diesem Prinzip handelt. Sie vertreibt ihren Ärger und gerät dabei nicht außer Kontrolle, sondern ist aufrichtig. Kein Tarnen. Keine explosiven Wutausbrüche.

Wenn Zorn zur Sünde wird

Wenn wir die Wut aufstauen, damit wir es dem andern heimzahlen können, dann sind wir destruktiv, wie wenn wir vor Wut explodieren oder uns ganz und gar in Schweigen hüllen.

Die Bibel sagt: „Vergeltet niemand Böses mit Bösem. Seid auf das Gute bedacht gegenüber jedermann. Ist's möglich, soviel an euch liegt, so habt mit allen Menschen Frieden. Rächt euch nicht selbst, meine Lieben, sondern gebt Raum dem Zorn Gottes; denn es steht geschrieben (5. Mose 32,35): Die Rache ist mein; ich will vergelten, spricht der Herr ..." (Römer 12,17.19).

Im Neuen Testament wird von einer boshaften Frau berichtet, die Gottes Maßstäbe nicht beachtete. „Herodias aber stellte ihm nach und wollte ihn töten ..." (Markus 6,19a). Durch raffiniertes Manövrieren erreichte sie es, daß Johannes der Täufer hingerichtet wurde. Sie rechtfertigte ihr Handeln damit, daß Johannes der Täufer zu Herodes, ihrem Mann, gesagt hatte, es sei nicht richtig, daß er sie, die Frau seines Bruders, zur

Frau nähme. Diese Worte von Johannes dem Täufer und die Hochachtung, die Herodes für ihn empfand, ärgerten sie, und so zahlte sie es ihm auf ihre Weise heim.

Ich weiß immer noch, was ich *wirklich* empfand, als ich mit siebzehn Jahren zu Fay sagte: „Es tut mir leid". Ich sagte zwar die richtigen Worte, aber ich wagte es nicht, ihr dabei ins Gesicht zu sehen, weil ich so wütend auf sie war. Fay war neunzehn, und sie half meiner Mutter im Sommer in unserer Hütte am Diamond See. Sie hatte Mutter eine Geschichte über mich erzählt, die nicht stimmte, und meine Mutter sagte mir, ich solle mich entschuldigen. Ich tat es, aber mein Herz schrie laut: „Das ist unfair!" Und vergeben habe ich ihr schon gar nicht. Ich hatte das Gefühl, es sei mein *Recht,* auf sie wütend zu sein.

Den Groll abgeben

Sind Sie schon einmal ungerecht behandelt worden? War es wegen Ihrer Herkunft? Oder haben Ihre Eltern Sie mißhandelt? Vielleicht rufen Sie wie der Psalmist: „... Ich bin doch täglich geplagt, und meine Züchtigung ist alle Morgen da" (Psalm 73,14). Vielleicht würden Sie am liebsten wutentbrannt für all die Ungerechtigkeiten des Lebens andere verantwortlich machen – oder sogar Gott selber. Vielleicht haben Sie Mißhandlung erlitten, als Ihr Mann seine Autorität und seine überlegene körperliche Stärke brutal mißbraucht hat.

Eine Frau besaß über zwanzig Jahre lang gemeinsam mit ihrem Partner ein Geschäft, in dem sie beide arbeiteten. Sie kümmerte sich um die Büroarbeit und die Buchführung. Ohne irgendeine Diskussion erschlich er sich auf betrügerische Weise ihre Unterschrift und verkaufte das Geschäft. Als er am nächsten Morgen beim Frühstück saß, das sie ihm serviert hatte, teilte er ihr den Verkauf mit. Ganz beiläufig verkündete er ihr, daß der neue Besitzer sie durch eine jüngere Sekretärin ausgetauscht habe, während er als Angestellter übernommen würde. An jenem Morgen erzählte sie mir unter Tränen diese Geschichte. Was sollte sie tun?

In der Bibel wird von einer Frau namens Hanna in einer ähnlich schwierigen Situation erzählt. Sie lebte in einem polygamen Haus, in dem es Eifersucht und Streit gab. Hannas Mann Elkana liebte sie und ehrte sie öffentlich, aber sie konnte keine Kinder bekommen. Deswegen hatte Elkana eine zweite Frau namens Peninna geheiratet, die ihm Kinder gebar. Peninna war eifersüchtig, weil Elkana Hanna mehr liebte. Die Schrift sagt: „Und ihre Widersacherin kränkte und reizte sie sehr, weil der Herr ihren Leib verschlossen hatte. So ging es alle Jahre; wenn sie hinaufzog zum Haus des Herrn, kränkte jene sie. Dann weinte Hanna und aß nichts" (1. Samuel 1,6-7).

Peninna ärgerte und reizte Hanna offenbar gnadenlos, machte sich lustig über sie und wühlte ihre Gefühle auf. Was konnte Hanna in einer so ausweglosen Situation tun? Hatte sie irgendwelche Alternativen? Würde sie ihren Groll aufstauen und einen Mord planen wie Herodias?

Hanna wollte es ihrer Feindin nicht heimzahlen. Vielmehr fand sie auf eine Weise Erleichterung von ihrer Qual, die Gott auch uns ermöglicht hat, wenn wir ungerecht behandelt werden. „Und sie war von Herzen betrübt und betete zum Herrn und weinte sehr" (1. Samuel 1,10). Sie schrie zum Herrn und ließ ihre Bitterkeit los. Dieses Ausgießen der Bitterkeit ihrer Seele bereitete den Weg für ihre Bitte an Gott um einen Sohn. Nachdem ihre Bitterkeit entfernt war, öffnete Gott ihren Leib, und sie gebar Samuel.

Als Hanna die Kontrolle über ihre Situation Gott übergab, lenkte er die Dinge für sie zum Guten. Das Wissen, daß Gott die Fäden in der Hand hält, gab ihr Sicherheit. Dieselbe Dynamik des Wissens, daß Gott die Kontrolle hat, gibt auch uns Sicherheit und hilft uns, Ärger zu meistern. Der Römerbrief sagt: „Wir wissen aber, daß denen, die Gott lieben, alle Dinge zum Besten dienen, denen, die nach seinem Ratschluß berufen sind" (Römer 8,28).

Wenn wir am Groll festhalten, wird uns das verletzen. Der Anlaß für unseren Groll spielt dabei gar keine Rolle. Es wird nur dazu kommen, daß wir uns schlecht fühlen. Das kann so weit gehen, daß wir es uns zur Gewohnheit machen, unser Selbstmitleid zu pflegen, in Wut auszubrechen oder Pläne zu schmieden, um es anderen heimzuzahlen. Und vor allem wird uns durch eine solche Einstellung der ansonsten freie Zugang zu Gott blockiert.

Suzanne schrieb: „Ich bin an einem Punkt angelangt, wo ich kaum noch bete, und ich lese sehr selten meine Bibel. Meine enge Beziehung mit dem Herrn ist gleich Null, und ich weiß auch, warum. Der Grund ist eine andere Frau, die mich einfach zermürbt. Wenn ich sie nur sehe oder höre, kann ich sie nicht ausstehen." Wenn wir Groll und einen unversöhnlichen Geist mit uns herumtragen, sind Kummer und Leid unsere ständigen Begleiter.

Vergeben bedeutet nicht, daß wir die Schuld eines anderen auf uns nehmen oder sogar demjenigen, der uns verletzt hat, recht geben. Es ist vielmehr so, als würden wir die Schulden, die ein anderer bei uns hat, einfach tilgen. Vergebung ist die Entscheidung, all die Bosheiten auszustreichen, die uns beispielweise unsere Schwiegermutter angetan hat, als wir jung verheiratet waren, oder die Ihre Schwester auf sich lud, als sie hinter Ihrem Rücken schlecht über Sie redete und so das ganze Erbe an sich riß.

Kommen Sie so zu Gott wie Hanna. Bitten Sie ihn für Ihren Groll um Vergebung. Beten Sie für den Menschen, gegen den Sie bittere Gefühle hegen. Sagen Sie, was Sie diesem Menschen vergeben wollen. (Zum Beispiel: *Ich vergebe meiner Schwiegermutter wegen ihrer besitzergreifenden Art und meiner Schwester wegen ihrer Erbschleicherei.)*

Vorsicht, wenn Sie gewohnheitsmäßig nach den Fehlern anderer Leute Ausschau halten und dann darüber sprechen, oder wenn Sie besser dastehen wollen als sie! Sie ziehen andere herunter und verletzen sie. Damit entzünden Sie die Flamme des Ärgers in sich. Machen Sie einen Strich unter Ihre feindseligen Gefühle. Geben Sie Ihren Groll und alle anderen negativen Gefühle an Gott ab. Was für eine Erleichterung, wenn man den ganzen Ärger los wird. Wenn Sie sich von Feindseligkeit trennen, wird sich Gottes Liebe in Ihr Herz ergießen können und dann durch Sie zu anderen fließen.

Wir haben uns damit auseinandergesetzt, daß eine neue Perspektive der Schlüssel bei der Bewältigung Ihres Ärgers ist. Hier nun eine Checkliste, damit Sie herausfinden, wo Sie umdenken müssen, um mit Ihrem Ärger fertigzuwerden.

Checkliste: Wie man mit Ärger fertig wird

Wenn Sie sich ärgern

1. Fragen Sie sich: Gestehe ich mir meinen Ärger ein? Halte ich daran fest, weil
   * ich verletzt bin und mich rächen will?
   * ich die Energie genieße, die der Ärger freisetzt?
   * ich meinen Ärger als Verteidigungsschild gegen Depressionen und Minderwertigkeitsgefühle benutze?
2. Danken Sie Gott dafür, daß er Ihnen vergibt.
3. Bitten Sie ihn um Vergebung, wenn Sie
   * einen unkontrollierten Wutausbruch hatten.
   * Ihren Ärger so lange gesammelt haben, bis Sie zum Gegenschlag ausholen konnten.
   * Ihren Ärger geleugnet haben.
   * Ihren Ärger in der Rumpelkammer Ihrer Seele versteckt haben.

4. Lassen Sie sich von Gott zeigen, wo Sie Ihren Mann, Ihre Kinder oder andere frustrieren oder verärgern. Fragen Sie sich:
   * Bin ich zu fordernd?
   * Gebe ich zu schnell Anweisungen?
   * Kritisiere ich zu rasch?
   * Bin ich zu besitzergreifend?
5. Bitten Sie Gott, daß er seinen Heiligen Geist in Ihnen wirksam werden läßt, daß er Ihnen Frucht der Liebe, Geduld, Freundlichkeit und Selbstbeherrschung schenkt (Galater 5,22-23).
6. Müssen Sie irgendein Mitglied Ihrer Familie um Vergebung bitten? Wenn ja, dann tun Sie es jetzt.

Bevor Sie sich ärgern

1. Arbeiten Sie an Ihrem Eheglück und einem friedlichen Familienleben:
   * Unterhalten Sie sich regelmäßig mit Ihrem Mann.
   * Sagen Sie ehrlich, wie Sie sich fühlen.
   * Warten Sie den richtigen Zeitpunkt ab, um Ihrem Mann zu sagen, daß Sie sein Verhalten irritiert, beleidigt oder frustriert. Bleiben Sie dabei sachlich und ruhig.
   * Sorgen Sie dafür, daß Sie sich gegenseitig achten.
   * Vermitteln Sie Ihren Kindern Werte und Ideale, und sagen Sie ihnen, was richtig und falsch ist.
   * Verlieren Sie nicht die Beherrschung, wenn Sie sie einmal strafen.
   * Erzählen Sie ihnen viel aus Gottes Wort, auch, wie sie mit ihrem Ärger fertig werden können.
2. Lernen Sie solche Bibelverse auswendig, die Ihnen sagen, wie Sie Ihren Ärger unter Kontrolle bekommen können. Hier sind einige Vorschläge für den Anfang:
   * *Ihr sollt wissen, meine geliebten Brüder: jeder Mensch sei schnell beim Hören, langsam beim Reden, langsam im Zorn* (Jakobus 1,19).
   * *Zürnt ihr, so sündigt nicht; laßt die Sonne nicht über eurem Zorn untergehen, und gebt dem Teufel keinen Raun* (Epheser 4,26-27).
   * *Rächt euch nicht selbst, meine Lieben, sondern gebt Raum dem Zorn Gottes; denn es steht geschrieben: Die Rache ist mein; ich will vergelten, spricht der Herr* (Römer 12,19).
3. Halten Sie Ihre Wut im Zaum. „*Alle Bitterkeit, Grimm, Zorn, Geschrei und Schmähung seien fern von euch samt aller Bosheit. Seid aber zueinander freundlich und herzlich und vergebt einer dem andern, wie auch Gott euch in Christus vergeben hat*“ (Epheser 4,31-32).

Bei welchen Menschen fällt Ihnen das ganz besonders schwer? Bei
* Ihren Schwiegereltern?
* Ihren Kollegen und Kolleginnen?
* Ihren Nachbarn oder den Menschen in der Gemeinde?
* Ihren Familienmitgliedern?

4. Machen Sie es sich zu Ihrem Ziel, andere zu lieben. *„Die Liebe ist langmütig und freundlich, die Liebe ist nicht eifersüchtig, sie bläht sich nicht auf, sie verletzt nicht den Anstand, sie sucht nicht das Ihre, sie läßt sich nicht erbittern, sie trägt das Böse nicht nach ...*" (1. Korinther 13,4-5).
   * Jetzt dagegen sollt ihr ihm eher vergeben und ihn trösten, damit er nicht in allzu große Traurigkeit versinkt. Darum ermahne ich euch, daß ihr ihm Liebe erweist (2. Korinther 2,7-8).
   * Seien Sie bereit, den Menschen, deren Meinung Sie nicht teilen konnten oder auf die Sie neidisch gewesen sind, immer wieder zu vergeben: „Jesus sprach zu ihm: Ich sage dir: nicht siebenmal, sondern siebzigmal siebenmal" (Matthäus 18,22).

6. Verborgene Schlachtfelder

Sieg über den inneren Zwang

Liebe Sue,
eigentlich wollte ich mich schlafen legen. Ich hatte meinen Bibelleseplan schon beiseite gelegt und meine Gebetszeit beendet, aber als ich mich hinlegte, ging mir innerlich ein Licht auf. Es hatte mit der Lektion über unseren Kampf mit Satan zu tun. Plötzlich standen mir meine Kämpfe vor Augen: Die Angriffe kommen immer in Form eines Big Mac, einer Pizza, eines Mövenpick-Eisbechers mit Karamelsauce und Lindt Pralinen.
Ich hatte am Abend fern gesehen, dabei wurde der Film von einem Werbespot für Lindt Pralinen und Sahne-Eiscreme unterbrochen. Ich liebe Pralinen, besonders wenn sie mit Nougat gefüllt sind. Ich habe mehrere Lebensmittelgeschäfte angerufen, ob sie Lindt-Pralinen hätten. Mein Verlangen danach war riesengroß. Als ich nirgends Pralinen bekommen konnte, fragte ich mich, ob man das Fernsehen nicht verbieten sollte – zumindest die Werbung für solch verführerische Leckereien.
Das Essen ist mein Schlachtfeld. Wie kann Gott mich gebrauchen, wenn ich keine Kontrolle darüber habe, was ich esse? Ein leichter Hauch von Depression macht es noch schlimmer. Ich habe nämlich die schlechte Angewohnheit, immer dann nach etwas Eßbarem zu greifen, wenn ich durchhänge. Ich mache mir auch Sorgen wegen des Nährwerts der Sachen, die ich esse. Obwohl es Sommer ist und es frisches Obst zu kaufen gibt, greife ich selten danach. Stattdessen ernähre ich mich von Schokolade. Aber das verschlimmert nur die Depressionen. Denn ich werde noch dicker, fühle mich noch unwohler und esse noch mehr Schokolade. Es ist ein Teufelskreis. Wissen Sie nicht einen Ausweg für mich?
Ich bin ein Fresser – nicht ein Fresser, der Abführmittel nimmt, sondern nur ein Fresser –, der immer dicker und abstoßender wird.

Ich gebe zuviel Geld aus. Ich esse zuviel. Ich frage mich, ob meine Angewohnheit nicht mit irgendeiner chemischen Reaktion in meinem Gehirn zusammenhängt. Wird mir die Wissenschaft eines Tages helfen, von diesen beinahe unkontrollierbaren Zwängen frei zu sein?
Es ist seltsam. Ich konnte mit Marihuana aufhören, ich habe mir das Rauchen abgewöhnt, das ich wirklich geliebt habe und an das ich gelegentlich immer noch denke, und meine Ausdrucksweise ist auch nicht mehr so vulgär (obwohl ich noch manches ändern muß). Aber Essen – das ist etwas anderes. Man kann nicht einfach eine radikale Entziehungskur machen und gar nichts mehr essen. In Maßen zu essen fällt mir unheimlich schwer. Ich bringe die nötige Disziplin nicht auf.
Kann mir Gott nicht helfen, meine Eßgewohnheiten auf Dauer zu ändern? Gibt es in der Bibel vielleicht Verse, die ich auswendig lernen könnte, um mein Leben in den Griff zu bekommen? Ich würde alles tun, nur um von meiner Freßsucht geheilt zu werden. Haben Sie nicht irgendeine Idee?
Eine Freundin

Freßsucht ist ein Problem, das viele Frauen haben. Unkontrollierbares Verlangen nach Essen diktiert die geheimen Gewohnheiten der Frauen, die zuviel essen. Diese Gewohnheiten führen zu Schuldgefühlen, Depressionen und Selbsthaß. Wenn Frauen zuviel essen, fühlen sie sich auch gesellschaftlich und sozial in die Ecke gedrängt. Heute ist das Schlanksein gefragt. Darum fragen sich viele übergewichtige Frauen, ob sie von anderen Frauen überhaupt akzeptiert werden.

Für eine christliche Frau ist Dicksein obendrein bedrohlich. Ihr Aussehen spiegelt die Botschaft wider: „Du lebst ja wohl nicht zur Ehre Gottes, wenn Du so aussiehst."

In den ersten fünf Kapiteln haben wir gesehen, daß sich eine christliche Frau geborgen fühlt, weil sie zu Gott gehört. Er gibt ihrem Leben Sinn, und sie wird Christus immer ähnlicher. Ihr Verlangen nach Frieden, Freude und Liebe – das Gegenteil von Sorge, Depressionen und Wut – wird erfüllt, wenn sie mit Gott lebt.

Die Macht der Versuchung

Uns wäre es am liebsten, wenn es überhaupt keine Probleme gäbe und wir so wunderbar leben könnten, wie Eva vor dem Sündenfall. Aber wir werden mit einem Problem konfrontiert. Unser ganz natürliches Hungergefühl meldet sich, wenn wir lange nichts zu uns genommen haben. Es weckt in uns das Verlangen nach Essen. Aber bei manchen Frauen fällt es schwer, dieses Verlangen zu bändigen. Sie überschreiten die Grenzen des gesunden Menschenverstandes und stopfen in sich hinein, worauf sie gerade Lust haben. Das Verlangen nach Essen ist uns angeboren, weil unser Körper Nährstoffe braucht. Aber das Verlangen, mehr zu essen, als wir brauchen, erzeugt in uns die falsche Vorstellung, daß Essen uns emotionale Befriedigung bringt.

Unsere Genußsucht kann so sehr überhöht werden, daß wir sie nicht in den Griff bekommen und wir dazu verleitet werden, moralische Maßstäbe zu ignorieren. Die Bibel nennt diese starken Bedürfnisse Versuchungen. Sie sind weit verbreitet. Wir sollten mit ihnen rechnen. Selbst Jesus wurde versucht. Die Gefahr liegt darin, daß die Macht der Versuchung oft so raffiniert ist, daß wir der Sünde erliegen. Jakobus sagt: „Sondern jeder, der versucht wird, wird von seinen eigenen Begierden gereizt und gelockt. Wenn die Begierde dann empfangen hat, gebiert sie die Sünde; wenn aber die Sünde vollendet ist, gebiert sie den Tod" (Jakobus 1,14-15).

Wenn wir der Versuchung nachgeben, fühlen wir uns schuldig und leiden unter Minderwertigkeitsgefühlen, Angst, Scham, Ablehnung und Einsamkeit. Diese negativen Gefühle beeinflussen unser Denken, unseren Körper und unsere Beziehungen. Gefühle des Versagens entmutigen uns und machen uns wiederum anfälliger für Versuchungen, und so entsteht ein Teufelskreis der negativen Gefühle.

Versuchungen erleben wir vor allem in drei Bereichen: auf dem Gebiet der Sexualität, der Habsucht und des Hochmuts. Johannes nennt diese drei Bereiche des natürlichen Begehrens so: „... Denn alles, was in der Welt ist, die körperliche Begierde, die Begehrlichkeit der Augen und die Überheblichkeit, ist nicht vom Vater, sondern von der Welt ..." (1. Johannes 2,16). Wir wollen uns jeden dieser Bereiche ansehen.

Lust

Die arme Bauersfrau in dem Dorf Sychar hatte sich den Lüsten im Übermaß hingegeben. Jesus, für sie ein jüdischer Fremder, saß am Jakobsbrunnen und sagte ihr auf den Kopf zu, was für ein ausschweifendes Leben sie führte. Er wußte von ihren fünf Ehemännern und ihrem jetzigen Lebensgefährten. Weil sie ihrem Verlangen nachgegeben hatte, hatte sie sich den Ruf einer Dorfhure eingehandelt. Die attraktive Frau fühlte die Schande ihres Tuns. Wenn sie Wasser brauchte, ging sie in der Mittagshitze über die Straße zum Brunnen, um den anderen Frauen nicht begegnen zu müssen, die ihr Wasser in der Kühle des Abends schöpfen konnten.

Diese samaritanische Frau hatte das Verlangen, ihrer Lust freien Lauf zu lassen, nicht gebändigt. Sie war der Versuchung unterlegen. Obwohl sich nur wenige von uns mit ihren zahlreichen Ehen und Affären identifizieren können, gibt es aber vielleicht auch in Ihrem Leben einen Menschen, von dem sie sich angezogen fühlen und der nicht Ihr Ehemann ist. Sehnen Sie sich danach, einen früheren Freund zu treffen oder Ihren Arbeitskollegen? Ist da ein inneres Verlangen, mit diesem Mann zusammenzusein – nur zum Reden – und dann zu sehen, ob es weitergeht?

An einem Sonntag sprach mich nach dem Gottesdienst eine meiner Freundinnen an. Seit fünf Jahren ist sie glücklich verheiratet und hat zwei Kinder. Sie wollte mir unbedingt erzählen, was ihr in der vergangenen Woche passiert war. Ein ehemaliger Schulfreund hatte angerufen und gefragt, ob sie sich treffen könnten. Vor sechs Jahren hatte er ihr einen Schock versetzt, als er plötzlich zur Armee gegangen war. Sie hatte dann damit begonnen, mit anderen jungen Männern auszugehen. Irgendwann hatte sie sich in ihren jetzigen Mann verliebt, und sie hatten geheiratet.

Unter Tränen sagte sie mir: „Als mein früherer Freund letzte Woche anrief, bekam ich Herzklopfen. Ich hörte nur seine Stimme, und schon waren die alten, leidenschaftlichen Gefühle wieder da. Ich habe ihm das natürlich nicht gesagt, aber ich wollte ihn unbedingt wiedersehen. Also habe ich ihm gesagt, ich würde es mir überlegen. Was soll ich nur tun?“

Was würden Sie an ihrer Stelle tun? Wie würden Sie sich nach einer Verabredung mit ihm fühlen? Zufriedener? Es ist sehr wahrscheinlich, daß das erste Wiedersehen mit ihm in ihr den Wunsch nach noch mehr weckt. Diese Sehnsucht würde sie so lange quälen, bis sie entweder ihrem Mann untreu wird oder sich eine Mauer zwischen ihnen aufgebaut hat.

Wir werden nicht alle auf die gleiche Weise versucht. Jeder von uns hat seine Schwachstellen woanders. Aber wir sind alle sündig, auch als Christen haben wir schon das Verlangen gespürt, zurück in die Sünde zu gehen. Wir haben dann nicht mehr so sehr den Willen Gottes vor Augen, sondern nur die Befriedigung unserer Wünsche.

Dieses Verlangen beginnt ganz unmerklich, aber es kann zu einem starken Drang auch auf einem anderen der drei Gebiete der Versuchung werden.

Habsucht

Haben Sie das Verlangen, alles zu besitzen, was Sie sehen? Haben Sie nach dem Einkaufen immer noch bestimmte Dinge vor Augen, die Sie sich eigentlich nicht leisten können, die Sie aber trotzdem unbedingt haben müssen?

Das ist Habsucht; die Bibel nennt es „Begierde“, die Lust der Augen, und sie wird von einer Täuschung hervorgerufen, die eine andere Form der Versuchung ist. Sie läßt uns glauben, daß materielle Dinge glücklich machen. Wir lassen uns einreden, daß das, was wir mit unseren Augen sehen, zählt und unser Leben bereichert: Kleidung, Schmuck, Häuser, Autos, Möbel und eine teure Stereoanlage. Ein solch materialistischer Lebensstil fragt nicht nach moralischen Werten oder Gottes Maßstäben. Wer so lebt, orientiert sich ausschließlich an Äußerlichkeiten.

Eine Frau Mitte Zwanzig beschrieb mir ihr zwanghaftes Verhalten beim Einkaufen. Sie arbeitete im Zentrum einer Großstadt, wo ihr die Schaufensterauslagen immer den neuesten Stand der Mode präsentierten. An ihrer Arbeitsstelle war sie von Leuten umgeben, die sich sehr extravagant kleideten. Auf dem Weg zur Arbeit und auf dem Heimweg kreisten ihre Gedanken nur um ihre Garderobe. Selbst wenn sie das Abendessen kochte, plagten sie diese Gedanken. Ihre Mittagspause und die Wochenenden verbrachte sie mit Einkaufen. Unablässig forderte sie eine innere Stimme zum Kaufen auf – und sie tat es –, bis ihr Kleiderschrank überquoll. Sie sagte: „Ich kann mir diese teuren Klamotten gar nicht leisten, aber ich fühle mich so gut, wenn ich einkaufe. Trotzdem weiß ich, daß ich diese vielen Kleider gar nicht alle tragen kann. Diese Gewohnheit bringt mich in finanzielle Schwierigkeiten. Warum muß ich kaufen, kaufen, kaufen?“

Erinnert Sie das an den Brief der Frau, die unter dem starken Zwang zum Essen litt? Die Versuchung drängt uns, über unseren Appetit hinaus zu essen. Wenn wir der Verlockung nachgeben und alles kaufen oder essen, was wir sehen, dann sündigen wir. Denn wir lassen unserer Leidenschaft freien Lauf und werden von ihr bestimmt. Damit hat Gott den alleinigen Anspruch auf unser Leben verloren.

Stolz

Seien Sie vorsichtig, auch wenn Sie in keinem dieser beiden Bereiche versucht werden. Aber was ist mit Ihrem Stolz? Haben Sie das Verlangen, sich in den Vordergrund zu drängen und jemand zu sein, auf den alle schauen? Ist die treibende Kraft in Ihrem Leben der Reiz, intellektuelle oder kreative Fähigkeiten zur Schau zu stellen oder Beifall und Anerkennung für Ihre Leistungen zu erhalten? Ist es Ihr Verlangen, daß man Ihren Namen in den angesehenen Kreisen der Gesellschaft kennt? Sind Sie, wie Andrej in Tolstois *Krieg und Frieden*, versucht zu denken: „Für ein kleines bißchen Ehre würde ich Freunde und Familie aufgeben"?

Wenn Sie ständig um die Anerkennung und die Zustimmung anderer kämpfen oder sie mit Ihrer tollen Art beeindrucken wollen, müssen Sie viel Energie darauf verwenden, sich selbst in ein gutes Licht zu rücken. Lohnt der Einsatz?

Vor einigen Jahren saß eine gläubige junge Frau neben mir im Auto, als wir durch die Stadt fuhren. Dabei kamen wir durch ein Villenviertel. Jedes dieser herrlichen Gebäude stand in einer parkähnlichen Anlage. Alles war sehr großzügig gestaltet. Als sie die Pracht dieses Viertels betrachtete, sagte sie: „Genau das wünsche ich mir – ich will auch einmal in einer dieser Villen die Hausherrin sein, großzügig Gäste bewirten ... mit all dem Komfort und den schönen Dingen ringsum! Ich will, daß die Leute überall, wo ich hingehe, sagen: ‚Das ist sie.'"

Ihr Wunsch war mehr als das Verlangen eines kleinen Mädchens nach einer schönen Puppe. Diese junge Frau hatte einen starken Willen und war fest entschlossen! Zwanzig Jahre lang sah ich, wie sie darum kämpfte, in diesem elitären Viertel zu wohnen. Sie setzte ihren Mann unter Druck und hatte gleich zwei Jobs auf einmal. Ein brennendes Verlangen verzehrte sie. Sie wollte hören: „Da ist sie, die Dame des Hauses in jenem renommierten Viertel." Für sie war es eine Möglichkeit, sich über andere zu erheben, wenn sie mit ihrer erstklassigen Wohnanlage und der teuren Villa prahlen konnte. Bei ihrem Aufstieg kümmerte sie sich nicht um Gott. Ihr Verlangen, es zu etwas zu bringen, verzehrte sie völlig.

Stolz ist eine Falle. Er hängt oft mit Habsucht zusammen. Paulus warnt den jungen Timotheus:

> *Die aber reich werden wollen, fallen in Versuchung und verstrikken sich in viele törichte und schändliche Begierden, die die Menschen in Verderben und Verdammnis stürzen. Denn Habsucht ist eine Wurzel aller Übel; der sind einige verfallen und sind vom Glauben abgeirrt und machen sich selbst viele Schmerzen.* (1. Timotheus 6,9-10)

Lassen Sie uns zusammenfassen, welcher Art unser Kampf ist. Unsere Sehnsüchte und Wünsche sind uns von Gott gegeben. Wenn wir sie maßvoll einsetzen, schenkt Gott uns Freude am Leben und Vergnügen. Essen, Sex, Schönheit und Talente – all das sind Geschenke des Schöpfers. Aber die Versuchung lockt uns, unsere Wünsche auf die falsche Weise zu erfüllen oder über das Maß hinauszugehen, das Gott für ihren Genuß festgesetzt hat.

Wie die Versuchung beginnt

Versuchung ist ein Kampf, der sich in den Gedanken abspielt. Es beginnt damit, daß wir die verbotene Frucht ansehen, unsere Phantasie anheizen oder an bestimmte Orte gehen. Meiner Freundin kam zum Beispiel der Gedanke, in ein Geschäft zu fahren und sich Lindt Pralinen und Eis zu kaufen, als sie die Fernsehwerbung für diese Produkte sah. Zwei andere Frauen wurden zu Lust und Stolz bewegt, als sie Schaufensterbummel machten und sich Häuser ansahen. Die Zusage, einen alten Freund zu treffen, könnte die Flamme der sexuellen Leidenschaft entfachen. Was meinen Sie, wann die Frau am Jakobsbrunnen den ersten Schritt auf die Sünde zutat? Als sie bewußt die Versuchung förderte, indem sie ungute sexuelle Wünsche nährte.

Während wir versucht werden, ist unsere Liebe verwundbar. Die Liebe zu Gott kann genauso schnell ausgelöscht werden, wie die Liebe zum Vergnügen zunimmt. Wir entdecken, daß unsere Herzen gegen Gott gerichtet sind, während die Liebe zum Ich zunimmt. Wir murmeln: „Es ist mir egal, was Gott denkt. Ich will das Eis ... die Kleider ... das Haus ... den Freund." Unsere Gedanken beeinflussen unsere Gefühle. Unsere Gefühle wiederum beeinflussen unseren Willen. Wenn wir zur Versuchung sagen „Ich will", entscheiden wir uns gegen Gott und für die Sünde. Wir werden zu Sklaven des Essens, der Lust, des Stolzes.

Satan ist ein Versucher. Er ist mächtig. Er macht in der Versuchung Gebrauch von der Anziehungskraft, die manche Dinge auf uns haben. Er läßt unechtes Rauschgold vor unserer Nase herumbaumeln, das unsere Augen blendet und unsere Sinne einlullt. Die Bibel nennt ihn den Versucher (Matthäus 4,3). Er verkauft uns seine Waren in trügerischer Absicht, indem er an unsere sündige Natur appelliert.

Satan arbeitet hinter den Kulissen. Er und sein Netzwerk von bösen Mächten pflanzen schlechte Gedanken der Lust und deren Befriedigung in unsere Herzen. Dennoch ist es immer noch unsere Entscheidung, ob wir der Versuchung nachgeben oder nicht.

Wissen Sie noch, wie Satan Eva lockte? Er sagte verführerisch: „Sondern Gott weiß: An dem Tage, da ihr davon esset, werden eure Augen aufgetan, und ihr werdet sein wie Gott und wissen, was gut und böse ist. Und das Weib sah, daß von dem Baum gut zu essen wäre und daß er eine Lust für die Augen wäre und verlockend, weil er klug machte. Und sie nahm von der Frucht und aß" (1. Mose 3,5-6a). Eva wollte ihre Sehnsucht, ihre Habsucht und ihren Stolz befriedigen, und sie erreichte, was Satan ihr versprach – aber um den Preis des Ungehorsams gegen Gott. Sie zahlte einen hohen Preis.

Meister des Betrugs

Satan, der ein wunderschönes Wesen ist, lockt auch heute noch die Frauen auf dieselbe Weise. Er paßt aber die Unwahrheit an die jeweilige Situation an. Paulus sagt: „... denn der Satan selbst verkleidet sich als Engel des Lichts (2. Korinther 11,14b). Schlau macht er Ihnen einen Vorschlag: „Geh und triff dich mit deinem früheren Freund. Er braucht deine Hilfe. Sei für ihn ein Zeuge von Gottes Liebe und Kraft." Oder er sagt scharfsinnig: „Kaufe dir die neueste Mode. Gott will, daß du ein Christ bist, der mit der Zeit geht." Er säuselt gewitzt: „Arbeite hart und lange für die Villa. Eines Tages könntest du Gottes Volk in ihren Räumen bewirten."

Wie gut kennen Sie Satan? Sehen Sie ihn sich gut an. Er ist bekannt für seine Verkleidungen.

Wie wir gesehen haben, ist es typisch für Satan, uns mit raffinierten Vorschlägen zu bombardieren. Aber zu anderen Zeiten greift er uns wütend an, wie er es bei Petrus tat. Am Abend vor der Kreuzigung warnte Jesus Petrus, der Satan hätte begehrt, die Jünger zu sichten wie den Weizen (Lukas 22,31). Wenige Stunden später wurde Petrus von Satans Versuchung, seinen Herrn zu verleugnen, gleich dreimal an einem Abend überwältigt. Petrus kann uns mit einer Autorität warnen, die aus persönlicher Erfahrung herrührt: „... Seid nüchtern und wacht; denn euer Widersacher, der Teufel, geht umher wie ein brüllender Löwe und sucht, wen er verschlingen kann" (1. Petrus 5,8b).

Unser Feind widersetzt sich aktiv der Verbreitung des Evangeliums. Er macht uns ängstlich, wenn wir Zeugnis geben wollen, und gleichzeitig lenkt er unsere Aufmerksamkeit mit Klatsch, Lust und stolzen Gedanken von Jesus ab. Er versucht, uns in unsere alten Verhaltensweisen zurückzuziehen, unsere Effektivität zu lähmen und unseren Dienst zu hindern.

Plagt Satan Sie mit nostalgischen Gedanken an die gute alte Zeit? Erinnert er Sie an Ihr früheres sündiges Leben? Kennen Sie das Gefühl, Sie seien nicht würdig, Gott zu dienen? Vorsicht! Er ist darauf aus, Sie zu betrügen. Er will Sie in Mißkredit bringen und auf jede nur mögliche Weise Ihr Leben mit dem Herrn vernichten.

Als eine jungbekehrte Christin gebeten wurde, ihr Haus als Treffpunkt für ein Bibelstudium zur Verfügung zu stellen, sagte sie: „Wie könnte ich es wagen, in unserem Haus die Bibel aufzuschlagen? Unsere Lebensweise und unser Heim waren früher bekannt für Unmoral." Satan wollte sie mit dieser falschen Schuld an die Vergangenheit binden und verhindern, daß das Licht des Evangelium aufstrahlte. Es war ein echter Kampf für sie, diese Mentalität zu überwinden.

Meister der Zerstörung

Satan verwendet auch andere Taktiken. Er will den Leib Christi schwächen, damit die Gemeinde als Ganzes aufhört, ein effektives Zeugnis zu sein. Es ist sein Ziel, die Einheit und die liebevollen Beziehungen unter den Christen zu zerstören. Er will uns dazu bringen, daß wir an unserem Groll gegen Gemeindeglieder festhalten, die uns einmal Unrecht getan haben (2. Korinther 2,5-11).

Satan, ein Meister seines Handwerks, weckt unsere stolzen Wünsche, webt hier und da ein bißchen Klatsch in unsere Vorstellungen und erzeugt so sein Lügengewebe. Schließlich haben wir von den anderen Gläubigen nur noch ein verzerrtes Bild.

Ich kenne das auch: Beim Bügeln lasse ich z. B. meinen Gedanken meist freien Lauf. Satan scheint auf dem Rand meines Bügelbrettes zu hocken wie ein Huhn auf der Stange und fragt mich hinterhältig: „Was wirst du wegen Mary unternehmen? Du hast doch *gesehen,* daß sie das Bibelstudium recht gut geleitet hat. Du hast irgendwo *gehört,* daß sie zu den Frauen gehört, die gerne die Leitung an sich reißen. Könnte es nicht sein, daß sie dir deine Position streitig machen will?" Unsere Gedankenwelt wird mit diesen negativen Gedanken regelrecht verstopft.

„. . . die ganze Welt ist in der Gewalt des Bösen" (1. Johannes 5,19b). Er gebraucht die Welt – nicht die physische Welt, sondern die philosophischen Systeme der Welt –, um seine bösen Prinzipien und Ambitionen zu fördern. Sehen Sie sich die Gier und den Neid von Nationen und Unternehmen an. Denken Sie über die gottlosen Einstellungen der Menschheit nach. Überall können Sie Satans Einfluß sehen. Er hat jedem menschlichen Herzen seinen Stempel aufgedrückt.

Er will, daß wir diese Welt lieben und uns den Dingen zuwenden, die er uns anbietet, anstatt nach Gott und seinem Reich zu fragen. Da er die Ungläubigen bereits in seinen Klauen hält, richtet er seine zerstörerischen Bemühungen auf Gottes Volk.

Das erklärt, warum er Gläubige mit verlockenden Täuschungen verführt. Er will, daß wir in Sünde fallen. Er will unsere Hingabe an Gott unterminieren. Es ist sein brennendes Verlangen, die Anbetung zu bekommen, die allein Gott gebührt.

Die Schrift gibt uns präzise Warnungen vor Satans Taktik, uns in Sünde zu führen. Besonders verwundbar sind wir im sexuellen Bereich. Alleinstehende Erwachsene werden durch die ganz natürliche Sehnsucht nach Liebe in sexuelle Versuchung gelockt. Die Versuchung, sich außerhalb der Ehe einer sexuellen Beziehung hinzugeben, wird heute noch durch den allgemeinen Einfluß der Gesellschaft verstärkt, die Gottes Maßstäbe ignoriert. Der Satan betrügt die Alleinstehenden, wenn er ihnen vormacht, eine rein sexuelle Beziehung schenke ihnen Vertrautheit und Liebe. Stattdessen erleben sie großen Kummer, und ihre Gefühle der Ablehnung und Einsamkeit werden noch intensiver.

Die Verheirateten sollten sich fragen, ob sie die Liebe zum Partner auch durch Zärtlichkeit zum Ausdruck bringen; die Freude an der Sexualität ist von Gott geschenkt. Wenn Sie sich gegenseitig lieben, schützen Sie damit sich und Ihren Mann vor Satans Verführung. Das christliche Konzept der Ehe ermutigt Mann und Frau, auch die körperliche Liebe nicht außer acht zu lassen. Andernfalls wird Satan uns verführen, dem Partner untreu zu werden und die Erfüllung der Sexualität außerhalb der Ehe zu suchen.

Paulus nennt nur einen Grund, warum die Sexualität innerhalb der Ehe nicht zum Ausdruck gebracht werden sollte. Es gibt eine Priorität, die wichtiger ist als die Ehe: unsere Vertrautheit mit Gott im Gebet. „Entzieht euch einander nicht, es sei denn nach der Übereinkunft für eine Zeitlang, damit ihr zum Beten Ruhe habt; und dann kommt wieder zusammen, damit euch der Satan nicht versucht, weil ihr euch nicht enthalten könnt" (1. Korinther 7,5). Beachten Sie, daß beide dieser Ausnahme zustimmen müssen und daß sie nur für eine begrenzte Zeit sein soll. Es ist eine Notwendigkeit, die normale sexuelle Beziehung wieder aufzunehmen.

Was hält Sie voneinander getrennt? Ist es eine Übereinkunft zum Gebet? Oder sind es häusliche Aufgaben oder selbstsüchtige, anderweitige Verpflichtungen?

Als die Abschlußveranstaltung einer Ehe-Konferenz vorbei war, traf ich eine attraktive Frau, die mir die Geschichte von Satans Einfluß auf ihre Ehe erzählte. Sie sagte: „Als ich Gott begegnete, veränderte sich mein Leben total. Mein neues Leben in Christus war so aufregend, daß ich drei Bibelstudienkreise pro Woche besuchte und außerdem noch den ganzen Sonntag zu Gottesdiensten ging. Mein Mann, der in seinem gehobenen Beruf sehr erfolgreich war, bemerkte die Veränderung in meinem Leben zunächst gar nicht. Aber ohne daß ich es wußte, begann mein zunehmendes Engagement bei religiösen Aktivitäten ihn zu irritieren. Er hatte das Gefühl, unsere Beziehung würde dadurch gestört.

Ich begann, früh zu Bett zu gehen. Meine Kraft war am Ende eines langen Tages erschöpft. Mein Mann wurde einsam. Er vermißte nicht nur die langen gemeinsamen Abendstunden, sondern auch die Wärme meiner Gegenwart, wenn ich am Morgen mit ihm im Bett lag. Ich stand noch vor Sonnenaufgang auf und betete und studierte. Meine Hingabe an Christus war echt, mein Leben brachte Frucht, und andere Menschen kamen zum Glauben. Aber Satan tat ein gemeines Werk in unserer Ehe."

Sie hatte leise und klar gesprochen, aber dann brach ihre Stimme, und ihr traten die Tränen in die Augen. Sie sagte: „Dadurch, daß ich das Bedürfnis meines Mannes nach sexueller Liebe und Gesellschaft vernachlässigte, wurde mein Mann verletzlich und ließ sich durch eine andere Frau verführen. Mein Mann wurde die leichte Beute einer außerehelichen Affäre. Er erlag einer erfahrenen Frau – einer weltlichen Frau, die seine sexuellen Gefühle erregte. Dies mag seltsam klingen, aber er sah mich als eine heilige Frau – eine Heilige, die man verehrte und nicht wie eine Frau liebte. Ich wußte nichts von den Gefühlen meines Mannes und war schockiert und am Boden zerstört, als ich seine Affäre entdeckte."

Es ist lobenswert, wenn eine Frau Christus hingegeben ist. Aber wir sind keine erhabenen, heiligen Gegenstände. Wir sind Frauen mit sexuellen Regungen und dem Bedürfnis, Liebe und Gemeinschaft zu empfangen und zu geben. Wir sollten in Liebe auf unseren Ehemann zugehen und unser Sexualleben bereichern, statt von ihm abzurücken. Dies ist eine legitime Waffe gegen den Bösen und eine Demonstration von Gottes Liebe in Ihrem Herzen.

Es ist sehr wichtig, zu wissen, unter welchem Deckmäntelchen die Versuchung kommt. Nehmen Sie sich in acht! Wir befinden uns täglich in einem geistlichen Konflikt. Es ist ein ständiger Kampf gegen Satan, die Welt, die er beherrscht und unsere natürlichen Wünsche. Christen stehen unter Beschuß. Aber sie können ihren Feind überwinden.

Der Versuchung widerstehen

Sie möchten in der Lage sein, Ihren Feind zu erkennen und die Versuchung zu überwinden, nicht wahr? Deshalb will ich Ihnen ein paar Tips geben, die Ihnen dabei helfen.

1. *Erkennen Sie Ihre Möglichkeiten.* Durch seinen Tod und seine Auferstehung hat Jesus Christus Satan besiegt und seine Macht über ihn demonstriert (Epheser 1,19-22; Hebräer 2,14).
   Als Gläubiger haben Sie Macht über den Satan, denn Sie sind in Christus Jesus (Epheser 2,6). Dies ist eine entscheidende Wahrheit. Nehmen Sie sie in Anspruch!
2. *Widerstehen Sie dem Bösen.* Alle Gläubigen werden versucht. Aber Gott sorgt immer für einen Weg aus der Versuchung (1. Korinther 10,13). Wenn Sie sich Gott im Gehorsam unterordnen, steht Ihnen die Kraft des Heiligen Geistes zur Verfügung. Dann können Sie dem Satan widerstehen, indem Sie einfach sagen: „Ich befehle dir im Namen Jesu: Laß mich in Ruhe." Sie können sich darauf verlassen, daß Gott das Nötige veranlassen wird. Er weiß, daß wir schwach sind, und auf uns selbst gestellt, ist unser Versagen vorprogrammiert (Jakobus 4,7).
3. *Seien Sie standhaft.* Jesus Christus versteht, was Versuchung bedeutet, denn er selbst war versucht worden, wie wir auch (Hebräer 4,15). Lassen Sie sich nicht unterkriegen, wenn das Böse Sie umgarnt. Setzen Sie Ihr *Nein* durch (Epheser 6,13). Sie müssen nicht Opfer des Bösen werden. Sie haben Gottes Kraft, die Sie befähigt, das Böse mit Gutem zu überwinden (Römer 12,21).
4. *Seien Sie vorbereitet.* Jesus reagierte auf Satans Versuchungen, indem er dreimal Schriftstellen zitierte: „Es steht geschrieben ..." Satan wurde von Gottes Wort besiegt. Als sein Versuch, Jesus zu verführen, fehlgeschlagen war, verschwand Satan und ließ Jesus eine Weile in Ruhe (Lukas 4,4.8.12). Als Menschen, die an Jesus glauben, können auch wir uns gegen Satans Angriffe schützen, indem wir Gottes Wort kennen und anwenden.
5. *Schützen Sie Ihre Gedanken.* Satan kämpft darum, Ihre Gedanken zu kontrollieren, Sie in bezug auf die Wahrheit Gottes zu betrügen und Sie durch Ihre Gedanken zur Sünde zu verführen (Römer 12,2). Hier nun einige konkrete Schritte, mit denen Sie verhindern können, daß sein Plan Erfolg hat.

* Tanken Sie Ihr Inneres täglich mit Gottes Gedanken auf (Psalm 119,11).
* Weigern Sie sich, Dinge anzusehen, die böse Gedanken in Ihnen hervorrufen. Das, was wir mit unseren Augen sehen, kann unsere Gedanken fesseln und uns dazu verführen, Gottes Richtlinien zu mißachten (1. Mose 3,6).
* Sagen Sie „Nein" zu Situationen, von denen Sie wissen, daß sie Sie zur Sünde verführen könnten. Bestimmte Orte oder Menschen sind Verlockungen zum Bösen. Geben Sie keine Gelegenheit zur Befriedigung dieser sündigen Triebe (Römer 13,14).
* Vergeben Sie. Wenn Sie am Groll festhalten, geben Sie dem Satan damit Zugriff auf Ihr Leben (Epheser 4,26-27).
* Lieben Sie Ihren Mann. Wenn Sie Ihre Liebe auch sexuell ausdrücken, wehren Sie damit Satans Versuchung zur Unmoral ab (1. Korinther 7,5).
* Beten Sie um Schutz vor unbekannten Situationen, die ein Reiz zur Sünde werden könnten. „... und führe uns nicht in Versuchung, sondern erlöse uns von dem Bösen" (Matthäus 6,13).
* Seien Sie wachsam. Achten Sie auf die versteckte Gegenwart des Feindes. Er sucht ständig jemanden, den er angreifen kann (1. Petrus 5,8).
* Weisen Sie den Feind zurecht. Wenn Satan mich zu bösen Gedanken aufstachelt, während ich bügele oder unruhig schlafe oder wenn ich alleine bin und in den Tag träumen kann, zitiere ich laut den folgenden Vers: „Wir zerstören nämlich damit Gedankengebäude und alles Hohe, das sich gegen die Erkenntnis Gottes erhebt, und nehmen alles Denken gefangen und führen es zum Gehorsam gegen Christus ..." (2. Korinther 10,5 Lutherbibel).

6. *Geben Sie Zeugnis.* Bezeugen Sie Christus anderen gegenüber, auch wenn Satan den Kampf gegen Sie verstärken sollte. Sie werden Ihren geistlichen Auftrag hier auf Erden erfüllen, wenn Sie mit anderen über ihn sprechen, um „... ihre Augen zu öffnen, damit sie sich von der Finsternis zum Licht und von der Gewalt des Satans zu Gott bekehren. So werden sie Vergebung der Sünden empfangen und das Erbteil zusammen mit denen, die durch den Glauben an mich geheiligt sind ..." (Apostelgeschichte 26,18a).
7. *Preisen Sie Gott.* Halten Sie sich innerlich Gottes Bild fest vor Augen, verehren Sie ihn als die Quelle von Mut und Kraft, um den Feind zu bekämpfen. „Seid stark im Herrn und in der Macht seiner Stärke" (Epheser 6,10).

Wenden Sie diese Prinzipien an, um sich Satan entgegenzustellen und jeder Versuchung zu widerstehen, die Ihnen widerfährt. Der Sieg wird zu Ihrem Markenzeichen werden. Mit Gottes Hilfe können Sie dem Drang zu Versuchungen und übermäßigem Genuß widerstehen. Der Psalmist drückt das so aus: „Du tust mir kund den Weg zum Leben: Vor dir ist Freude die Fülle und Wonne zu deiner Rechten ewiglich" (Psalm 16,11).

7. Die Höhen und Tiefen der Macht

Wie man lernt, die Kontrolle zu bekommen – oder sie abzugeben

Wer hat in Ihrem Leben das Sagen? Ist es ein herrischer Chef, ein tyrannischer Ehemann oder ein dominanter Verwandter? Sind Sie das Opfer eines Menschen, der Sie unbedingt bestimmen will? Erkennen Sie sich in der folgenden Szene wieder?

Donna war die heimliche Dominanz erst vor kurzem bewußt geworden. Sie fuhr sich nervös mit den Fingern durch die Haare, als sie den besitzergreifenden Einfluß ihrer Mutter in ihrem Leben beschrieb. Er hatte vernichtende Auswirkungen auf ihre neun Monate alte Ehe.

Zunächst sprach Donna leise, so, als habe sie Angst, es könnte sie jemand hören. „Ich weiß nicht, was ich wegen meiner Mutter tun soll. Ich weiß, daß ich sie liebe, und ich möchte gut zu ihr sein." Dann wurde ihre Stimme ein wenig lauter, als sie sagte: „Aber ich wünschte, sie würde einfach wegziehen oder mich in Ruhe lassen. Sie ist ständig da, mir auf den Fersen, wie mein eigener Schatten. Wenn ich von der Arbeit nach Hause komme, klingelt das Telefon. Sie kontrolliert mich, stellt mir Fragen über meinen Tag, als wäre ich ein Kind. Oder sie erzählt mir all die schlechten Dinge, die mein Vater den Tag über getan hat, um sie zu ärgern. Nach dem Essen kommt sie vorbei, wenn mein Mann und ich gerade anfangen, uns zu entspannen. Sie ruft mich sogar während der Arbeit an und erzählt mir irgendwelche unwichtigen Sachen."

Ihre Stimme wurde lauter und sie schlug mit der Faust in die Luft. „Mein Leben gehört mir nicht mehr selbst. Meine Mutter mischt sich in meine Ehe und meine Arbeit ein. Überall spüre ich, wie sie mir auf die

Pelle rückt, selbst im Schlafzimmer. Ich finde es schwer, mit meinem Mann zu schlafen; ihre unsichtbare Gegenwart ist da!"

Mit Tränen in den Augen beschrieb Donna die Reaktion ihres Mannes. „Er hat mir gesagt, ich müsse die Verbindung abbrechen und meiner Mutter gegenüber einige Grenzen ziehen. Ansonsten würde er erst spät am Abend nach Hause kommen – oder gar nicht. Aber ich kann die Bindung nicht lösen. Ich stehe in ihrer Schuld. Sie hat aus ihren Ersparnissen unsere Hochzeit bezahlt und sich Geld geborgt, um uns ein Auto als Hochzeitsgeschenk zu kaufen. Sie hat mir immer und immer wieder gesagt, wie sehr sie meinen Vater haßt. Ich bin ihr einziges Kind, und wenn sie mich nicht hätte, hätte sie niemanden mehr."

Der Kampf um die Macht

Ein Boß ist jemand, der Macht über Sie hat, und diese Beschreibung paßte gut auf Donnas Mutter. Sie nutzte es auf subtile Weise aus, daß ihre Tochter ihr verpflichtet war, um sie zu kontrollieren und zu manipulieren. Dies ist nur einer von vielen verschiedenen Machtkämpfen, die die ganze Zeit um uns herum und in uns stattfinden.

Die meisten Machtkämpfe sind heimtückisch und verdeckt. Aber als wir Kinder waren, waren sie offensichtlicher. Das älteste, aggressivste Kind hatte das Sagen. Wenn wir mit ihm spielen wollten, mußten wir uns an seine Spielregeln halten. Aber besonderen Spaß machte uns das nicht. Wir mochten es genauso wenig, wie Donna das mochte, was ihre Mutter tat.

Wir haben immer wieder probiert, wie wir der Kraft des anderen widerstehen und sie ausgleichen konnten, ohne selbst körperliche Gewalt anzuwenden. Oder wir haben Wege gefunden, wie wir selbst Kontrolle ausüben konnten. Wenn wir dem größeren, aggressiveren Mädchen den Lutscher in ihrer Lieblingsfarbe gaben, hörte sie auf, uns zu schlagen und spielte so, wie wir es wollten. Schon sehr früh haben wir es gelernt, das Spiel um die Macht zu durchschauen. Einige von uns haben dieses Spiel noch ausgefeilt. Sie wurden Meister darin.

Aber jede negative Erfahrung mit einem Tyrannen wirkt sich auf unsere Gefühle aus. Donna war wütend über ihre beherrschende Mutter und hatte Angst, daß ihr Mann sie ablehnen könnte. Es war nur noch ein Schritt bis zur Bitterkeit. Wenn wir von jemand unter Druck gesetzt werden, fühlen wir uns wertlos und deprimiert.

Aber warum geben wir dem Stärkeren dann nach? Das kann mehrere Gründe haben. Wenn uns jemand physisch, finanziell oder emotionell verletzt, gehen wir auf seine Forderungen ein, weil wir Angst haben. Wir können auch durch Respekt dazu veranlaßt werden, wenn wir die legale Autorität eines anderen anerkennen. Oder wir entscheiden uns vielleicht freiwillig, auf das Angebot eines überzeugenden Überredungskünstlers einzugehen.

Unsere Arbeitgeber und die Regierung sind ganz offensichtlich starke Kräfte und Autoritäten. Um des Geldes willen geben wir nach und tippen noch kurz vor Feierabend den Bericht für den Chef; wir füllen unsere Steuererklärung für den Staat aus, damit wir weder eine Geldstrafe zahlen müssen noch unser Ruf Schaden leidet.

Diejenigen, die Macht besitzen, haben entweder genug Druck ausgeübt, um ihren Willen zu bekommen, oder sie haben ihre Autorität auf legitime Weise erhalten. Manchmal lassen sie auch ihre Beziehungen spielen, um in einer sozialen Gruppe Veränderungen zu erreichen.

Zu oft geschieht es, daß die Verantwortlichen, seien es nun Männer oder Frauen, von ihrer eigenen Macht berauscht sind und sich nicht mehr um das Wohl derer kümmern, über die sie herrschen. Gesellschaftsbosse neigen dazu, vor denen, die weinen und leiden, ihre Augen und Ohren zu verschließen, auch wenn sie sie einst liebten.

Dabei fällt mir eine Frau ein, die zu den Reichen in unserer Stadt gehörte. Sie wurde kürzlich das Opfer der Gerissenheit und Macht ihres Chefs in einer sozialen Organisation. Sie war freiwillige Mitarbeiterin und hatte sich vorgenommen, die höchste Position zu bekommen – sie wollte Vorsitzende der alljährlichen, dreitägigen Wohltätigkeitsaktion für eines der Krankenhäuser werden. Es war eine beneidenswerte Position, verbunden mit Prestige, Ansehen und Macht. Sie würde den Einsatz von Hunderten von Freiwilligen dirigieren. Seit *fünfzehn Jahren* arbeitete sie in diesem Wohltätigkeitsprojekt mit und hatte sich freiwillig für all die mühseligen Arbeiten gemeldet, die niemand beachtet. Jahr für Jahr stieg sie langsam in der Hierarchie nach oben und auf die Spitzenposition zu.

Schließlich war sie soweit. Sie „verdiente" den Vorsitz. Aber in jenem Jahr änderte die neue Präsidentin des Frauenausschusses, deren Mann ein einflußreicher Arzt war, die Struktur der Hierarchie und ernannte eine persönliche Freundin zur Vorsitzenden. Die ganze mühsame Arbeit der letzten fünfzehn Jahre, die die freiwillige Mitarbeiterin geleistet hatte, war umsonst gewesen.

Was würden Sie in einer solchen Situation tun? Würden Sie die Enttäuschung hinnehmen, eingeschnappt sein, sich wehren oder in das Machtspiel einsteigen und einen ausgeklügelten, hinterhältigen Weg finden, um der Präsidentin des Frauenausschusses eine Niederlage beizubringen?

Wohin Sie sich auch wenden, überall sind Menschen, denen Sie unterlegen sind, und vielleicht träumen Sie manchmal davon, ihnen auf magische Weise ihre Macht über Sie zu nehmen. *Wenn mein Chef doch nur versetzt werden würde,* träumen Sie vor sich hin. *Wenn doch nur die Präsidentin der Frauenorganisation durch eine andere ersetzt werden würde.* Wenn sich solche Träume weiterentwickeln, werden Sie dazu ermutigt, Ihre Energie zur Bekämpfung der jeweiligen Autoritätsfigur zu verbrauchen. Ihr Bemühen kann eskalieren und zu einem Streben nach persönlicher Macht werden. Das Ziel, selbst an der Spitze zu stehen, kann Ihr Herz gefangen nehmen und Sie in eine von Stolz geprägte Machtstruktur verwickeln.

Taktiken der Machtausübung

Macht und Einfluß machen süchtig. Die Götter der Macht ziehen Männer und Frauen gleichermaßen an mit ihren Versprechen von Geld, Ansehen und dem Gefühl, wichtig zu sein. In ihrem Buch *The Religion of Power* verfolgt Cheryl Forbes das Verlangen nach Macht bis zu seinem Ursprung zurück.

> *Vom ersten Tag der Schöpfung an haben Männer und Frauen vor dem Problem der Macht gestanden. Es war das Verlangen, Macht zu haben – wie Gott zu sein –, das Adam und Eva dazu veranlaßt hat, dem Herrn gegenüber ungehorsam zu sein. Satan wußte aus eigener Erfahrung, wie stark der Ruf der Macht war. Er wurde aus dem Himmel vertrieben, weil er unbedingt mehr sein wollte, als er war ...*
> *Die Patriarchen, Richter, Priester, Könige und Propheten des Alten Testaments und die Apostel des Neuen Testaments, Paulus eingeschlossen, waren unvollkommene Männer, die dagegen ankämpften, Kinder des geringeren Gottes – der Macht – zu werden, um Kinder des größeren Gottes zu werden, der die Macht hat.*[1]

Um erfolgreich zu sein, stehen Männer und Frauen bei der Huldigung der Macht in der Versuchung, zu weit zu gehen. Und sie erhalten problemlos Hilfe. Machtgewinn ist das Ziel vieler Bücher, einschließlich des

Buches *How to Make a Habit of Succeeding* von Mark R. Douglas. Douglas sagt, es sei äußerst wichtig, von sich selbst überzeugt zu sein – ja, sich für besser zu halten als andere. Man muß sich so anziehen, daß man die richtigen Leute beeindruckt, sich durchsetzen und sich weigern, nein zu sagen – das sind nur einige der empfohlenen Taktiken zur Machtausübung. Betrug und Manipulation werden als die wirkungsvollsten Mittel zum Erlangen von Macht genannt.

Der Inbegriff dieser Art von Macht-Manipulation ist falsche Werbung. Ist nicht jeder von uns schon einmal von einer schönen Verpackung und unwiderstehlichen Versprechungen angezogen worden, nur, um dann an minderwertige Ware zu geraten und enttäuschende Ergebnisse zu entdecken?

Schmeicheln, etwas sagen, was der andere hören möchte, ist ein wohlbekanntes Mittel, um Macht zu gewinnen. Was läßt uns unvorsichtiger werden, als Komplimente wegen unseres Aussehens oder unserer Intelligenz? Können Sie sich noch an Ihre letzte Erfahrung mit einem Mann erinnern, der mit wohlklingenden Worten versuchte, etwas von Ihnen zu bekommen? Vielleicht wollte er Geld; vielleicht wollte er Ihren Körper – oder beides. Viele junge Mädchen und einsame Frauen, die unter Liebesmangel leiden, werden durch die schmeichelnden Worte cleverer Männer betrogen.

Eine Frau, der das Herz gebrochen war, sagte unter Tränen: „Er sagte, daß er mich liebe und mich respektieren würde, wenn ich ihm meinen Körper gäbe. Aber ich wurde wie ein Spielzeug benutzt und dann gegen ein neues ausgetauscht. Er erkennt mich jetzt kaum noch und hat nicht das geringste Interesse an mir oder unserem ungeborenen Kind."

Natürliche Leidenschaften, die man nicht unter Kontrolle hält, können große Macht in unserem Leben bekommen. Auch Jesu Jünger waren dagegen nicht immun. Als Jesus kurz vor seinem Tode stand, hatten seine engsten Gefährten eine Diskussion über Macht und stritten sich, wer von ihnen die meiste Macht hätte. Man bekommt den Eindruck, ihr Hauptinteresse sei, welchen persönlichen Vorteil sie aus ihrer Beziehung zu Jesus ziehen könnten.

Männer benutzen meist Aggressivität oder Schmeicheleien, um Macht zu gewinnen, aber auch Frauen haben ihre Methoden, um an die Macht zu kommen. Ein kleines Mädchen lernt, seinen Vater mit scheinbar *unschuldigen Machtworten* für sich zu gewinnen: „Oh Papi, ich habe dich so lieb. Ich wünschte, du würdest mir diese Puppe kaufen."

Erwachsene Frauen können ihrem Freund, ihrem Mann oder Konkurrenten gegenüber ähnlich manipulative Taktiken verwenden. Sexuelles

Flirten – ein süßes Lächeln, ein leichtes Anheben des Rocks, eine Drehung des Knöchels – und Hunderte anderer sexueller Botschaften sind Tricks, die Frauen anwenden.

Flirts innerhalb der Ehe sind legitim. Dadurch signalisiert eine Frau ihrem Mann, daß sie ihn liebt und gerne mit ihm zärtlich und intim ist. Wenn sie jedoch ihren Mann für ihre eigenen, selbstsüchtigen Ziele mit sexueller Lust reizt – wenn sie ihren Mann um den kleinen Finger wikkelt –, dann ist das ein manipulatives Machtmittel. Jede Frau, die ihre Sexualität benutzt, um Vergünstigungen zu erhalten oder um ihren Willen zu bekommen, wirft die Wahrheit beiseite. Sie mißbraucht ihre Weiblichkeit für betrügerische Ziele.

Frauen benutzen die Sexualität manchmal als Mittel der Macht, sowohl am Arbeitsplatz als auch im Schlafzimmer. Die Farbe, der Schnitt und der Stoff eines Kleides, einer Bluse, eines Pullovers oder Rocks oder einer Hose können die Aufmerksamkeit auf sie lenken und ihr Zugang zu einflußreichen Leuten verschaffen. Eine Frau, die Macht will, kann vielleicht auch sexuelle Verfehlungen begehen. Viele benutzen sexuelle Andeutungen, gesprochen oder auch unausgesprochen, um Männer irrezuführen und für ihre Zwecke auszunutzen.

Erinnern Sie sich an Delila, die Simson betörte, um wichtige Informationen über seine übernatürliche Kraft zu erhalten? Frauen wie sie wurden im Buch der Sprüche beschrieben. Sie führen Männer für ihre selbstsüchtigen Zwecke hinters Licht. Sprüche 7,21 sagt: „Sie überredet ihn mit vielen Worten und gewinnt ihn mit ihrem glatten Munde." Männer sind nicht die einzigen, die glatte Lippen haben. Frauen können genauso ehrgeizig sein wie Männer.

Einige Frauen benutzen Tränen statt sexueller Andeutungen, um sich bei Männern einen Vorteil zu verschaffen. Weinen Sie schnell? Haben Sie ein weiches Herz? Sind Ihre Tränen Ausdruck von Freude oder Sorge um andere? Oder sind Ihre Tränen ein Machtmittel?

Ich erinnere mich noch an ein Mädchen, das im Mädchenwohnheim des Colleges auf derselben Etage wohnte wie ich. Sie war groß und hatte ein Babygesicht und große, blaue Augen. Als wir uns eines Abends in ihrem Zimmer zum Gebet trafen, sagte sie: „Wißt ihr, ich hätte eigentlich einen meiner Kurse nicht geschafft, aber ich glaube, ich habe heute die Sympathie des Professors gewonnen. Ich bin sicher, daß er mich nicht durchfallen läßt."

Sie kicherte kurz, und dann sagte sie: „Ich bin heute zu ihm gegangen, um mit ihm zu sprechen. Dabei habe ich meinen Tränen freien Lauf gelassen. Er war so besorgt, daß er sein eigenes Taschentuch herausgezogen und mir gegeben hat. Er sagte, er würde sich meine Arbeit noch einmal anschauen und sehen, was er tun könne."

Es gibt viele Methoden, um Menschen zu betören und so die Kontrolle über sie zu bekommen. Haben Sie jemals beobachtet, wie eine talentierte Frau Hilflosigkeit vorgetäuscht hat, damit sich andere um ihre Bedürfnisse kümmern? Haben Sie Frauen gekannt, die die Krankheit zu ihrem Vorteil nutzten? Ich habe einmal eine clevere Frau beobachtet, die drei Verkäufer gleichzeitig fest im Griff hatte. Sie schien unfähig zu sein, Artikel zu finden oder Entscheidungen zu treffen. Die Verkäufer gingen auf jede ihrer Launen ein. Sie durchsuchten alle Regale und das Lager im Hinterzimmer nach einem besonderen Gegenstand, um die „hilflose" Kundin zufriedenzustellen.

Frauen am Arbeitsplatz treffen auf eine ganz andere Form des Machtkampfes und stellen vielleicht fest, daß sie dort andere manipulative Taktiken anwenden. Wir beobachten, wie ehrgeizige Frauen und neidische Männer um Spitzenpositionen konkurrieren. Werden wir in die Falle tappen und eine Position so sehr begehren, daß wir die falschen Methoden anwenden, um sie zu bekommen?

Die Quelle wahrer Kraft

Jeder von uns lebt unter der legitimen Autorität einer irdischen Macht. Andererseits hat auch jeder von uns seinen Einflußbereich oder einen Bereich, in dem er verantwortlich ist. Vielleicht ist Ihre Familie Ihre Einflußsphäre. Sie haben die Macht, jedes einzelne Familienmitglied zu beeinflussen, indem Sie seinen Wert als Person entweder bekräftigen – oder herabsetzen. Auch Ihr Heim ist ein Schauplatz für Machtkämpfe. Dort können Sie entweder Schönheit schaffen und Ordnung herstellen oder das Chaos regieren lassen. Vielleicht haben Sie auf Ihrer Arbeitsstelle Einfluß – Einfluß, den Sie nutzen können, um sich selbst und anderen zu helfen, Ihr gott-gegebenes Talent zur Entfaltung zu bringen, oder Einfluß, den Sie nutzen können, um Ihre selbstsüchtigen Interessen zu befriedigen.

Einige Sphären der Macht erfordern es, daß wir hart arbeiten, um gute Zensuren oder gute Stellen zu bekommen. Aber ganz gleich, wie sehr wir kämpfen, um uns hochzuarbeiten – unsere Macht hat Grenzen. Niemand kann alles. Niemand, außer Gott, hat unbegrenzte Macht. Dieses Wissen kann uns helfen, unsere Macht verantwortlich auszuüben.

Alexander Solschenizyn sagte:

Daß die Macht Gift ist, ist seit Jahrtausenden bekannt. Hätte doch nie jemand materielle Gewalt über einen anderen gewonnen! Aber es ist für einen Menschen, der an etwas Höheres glaubt und sich darum seiner Begrenztheit bewußt ist, die Macht noch nicht tödlich. Für Menschen ohne höhere Sphäre ist die Macht wie Leichengift. Für sie gibt's bei der Ansteckung keine Rettung.[2]

Eines von König Davids Gebeten weist auf die wahre Quelle der Macht hin, auf die Solschenizyn anspielt.

„Dein, HERR, ist die Größe und die Stärke und die Herrlichkeit und der Glanz und die Majestät; denn alles im Himmel und auf Erden ist dein. Dein, HERR, ist das Königtum, und du bist über alles erhaben als Haupt. Und Reichtum und Ehre kommen von dir, und du bist Herrscher über alles. Und in deiner Hand sind Macht und Stärke, und in deiner Hand liegt es, einen jeden groß und stark zu machen. Und nun, unser Gott, wir preisen dich, und wir loben deinen herrlichen Namen" (1. Chronik 29,11-13).

Die Schöpfung offenbart die absolute Macht des Gottes der Bibel. Er erschuf die Himmel und die Erde aus dem Nichts. Dann bildete er den ersten Mann und die erste Frau. Jedesmal, wenn wir neues Leben gebären, demonstrieren wir Gottes kreative Macht.

Die gleiche Macht, die Gott in der Schöpfung an den Tag legte, setzt er ein, als Jesus auferstand. Der Apostel Paulus bezieht sich häufig darauf. „... und wie überschwenglich groß sich seine Kraft an uns erweist, die wir glauben. Mit dieser Macht seiner Stärke hat er in Christus gewirkt, als er ihn von den Toten auferweckt und zu seiner Rechten im Himmel eingesetzt hat über alle Reiche, Gewalt, Macht, Herrschaft und was sonst noch Rang und Namen hat, nicht nur in dieser Welt, sondern auch in der zukünftigen ..." (Epheser 1,19b-20a).

Gott übt seine Macht vollkommen. Er ist nicht fehlbar wie wir Menschen. Er nutzt seine Autorität niemals, um uns zu verletzen oder zu manipulieren. Seine Macht führt immer zu guten Zielen, niemals zu schlechten (Jeremia 29,11; Römer 8,28). Und er ist auch nicht selbstsüchtig, sondern vielmehr aufopfernd (Epheser 5,25-33). Gott ist der perfekte „Boß" und als solcher auch das perfekte Beispiel dafür, wie wir Macht gebrauchen sollen.

Sind Sie in Machtkämpfe verwickelt? Versuchen Sie, über andere zu herrschen, weil Sie sich dann wichtig vorkommen? Lassen Sie sich ermutigen, den ersten Schritt zur Freiheit vom Machtgott zu tun. Demütigen

Sie sich vor Gott. Bekennen Sie Ihre selbstsüchtigen Herrschaftsmethoden und legen Sie sie ihm zu Füßen. Sie werden damit einen Prozeß einleiten und eine Frau mit wirklicher Autorität werden.

Die Macht, sich zu ändern

Wenn Sie Gottes Kind werden, läßt sich dieselbe Kraft, die das Leben erschuf und Jesus von den Toten auferweckte, durch die Person des Heiligen Geistes in Ihrem Herzen nieder, um dort zu wohnen. Er ist die Kraftquelle, die Sie befähigt, ein erfülltes und produktives Leben für Gott zu leben. Ich habe gesehen, wie er Leben verändert hat – oft bei Menschen, bei denen man es am wenigsten erwartet hat.

Nehmen Sie zum Beispiel Jamie. Eine große, schlanke Frau. Sie war Jüdin, hatte lange dunkle Haare und trug ein dunkelblaues Wollkleid. Sie war unverheiratet, Anfang Zwanzig, mit einem vierjährigen Sohn.

Sie sprach schnell. Die braunen Augen funkelten. Schlanke Finger fuhren durch die Luft. „Ich habe ein schlechtes, selbstsüchtiges Leben gelebt und meinem eigenen Glück nachgejagt. Aber ich habe es nie erreicht. Stattdessen wurde ich immer mehr in Beziehungen und einen Lebensstil verstrickt, der mich anekelte. Am Mittwoch abend sah ich zum ersten Mal das häßliche Bild von mir selbst und meinem unreinen Leben. Mein angetrunkener Freund lag auf meinem Bett, schrie Obszönitäten und verlangte in Gegenwart meines Sohnes, daß ich mit ihm schliefe. Ich war nüchtern. Mir war voll bewußt, was geschah, und ich war selbst überrascht, als ich ihm sagte, er solle sich anziehen und meine Wohnung verlassen. Er schrie mich wütend an und fluchte, aber er ging."

Ihr weißes Gesicht errötete. Sie lehnte sich im Stuhl zurück und holte tief Luft. „Es war so abstoßend zu sehen, wie mein Freund handelte – und schrecklich für meinen kleinen Jungen, diese Szene mitzuerleben. Und doch habe ich seit meinem siebzehnten Lebensjahr so gelebt. Bis Mittwoch abend war mir nie bewußt, wie verdorben ich war. Voll Verzweiflung kniete ich mich vor meinem Bett hin und rief aus: 'Oh Gott, wenn es dich gibt, dann hilf mir. Ich bin so schlecht. Ich hasse mein Leben. Bitte vergib mir. Zeige mir einen anderen Weg.'"

Sie sprach leidenschaftlich. Dann schluckte sie mehrere Male und lächelte unter Tränen. „Ich habe Mittwoch nacht so gut geschlafen", flüsterte sie und fuhr dann fort: „Am Donnerstag morgen wachte ich auf und fühlte mich sauber. Ich wußte, daß ich ein neuer Mensch war, obwohl ich es nicht verstand. Es war genau so ein Wunder, als wäre mein Körper von Lepra geheilt worden."

„Ich durchsuchte meine Frisierkommode und fand die Bibel, die mir vor Jahren ein Freund auf dem Gymnasium gegeben hatte. Ich las das Evangelium von Johannes ganz durch. Als ich zu Ende gelesen hatte, war ich überzeugt, daß Jesus Christus der Messias war. Für mich als Jüdin war das ein dramatischer Moment. Mein Herz schlug vor Aufregung, und ich wollte meine Entdeckung in die Welt hinausrufen. Ich ging zum Telefon, rief meine Mutter an und sagte: 'Mutter, ich weiß, du hast mir gesagt, daß ich das Neue Testament nicht lesen soll, und bis heute morgen habe ich es auch nie getan. Aber Mutter, glaube mir, du *mußt* es lesen. Ich *weiß*, daß Jesus der Messias ist.'"

„Meine Mutter erwiderte: 'Wem willst du denn etwas vormachen? Du mit deinem verpfuschten Leben willst mir erzählen, was ich zu tun habe?' Und dann legte sie auf. Sie tat mir leid, aber die Freude in meinem eigenen Herzen war so groß, daß ich wußte: Nichts könnte sie zerstören."

„Mein Freund kam Freitag nacht zurück, und ich konnte es kaum erwarten, ihm von meiner Beziehung zu Gott zu berichten und wie wir beide eine andere Art von Beziehung haben könnten. Aber er hatte kein Interesse. Er beschimpfte mich und ging weg. Trotzdem ging es mir noch gut. Ich war nicht verzweifelt – ich fühlte mich nicht so, als *müsse* ich ihn haben. Die Freude blieb."

„Am Samstag sammelte ich meine ganze Kleidung zusammen und brachte sie zu meiner Schwester. Ich sagte ihr, sie könne alles haben. Ich wollte dafür nur ein einziges Kleid von ihr. Meine Kleidung verkörperte mein altes Leben. Ich wollte dieses Leben hinter mir lassen und andere Kleidung tragen – als Bild für mein neues Herz. Sie gab mir dieses Kleid, und ich zog es an, als ich zur Kirche ging."

„Diese Kirche habe ich gefunden, indem ich in den Gelben Seiten nach einer Gemeinde in meiner Nähe gesucht habe. Ich wollte Ihnen das einfach alles erzählen. Ich bin eine veränderte Frau. Ich will wissen, was Gott mit meinem Leben machen kann und wie ich meinen Sohn lehren kann, auch mit Gott zu leben. Ich habe gehofft, daß mich hier irgend jemand versteht."

Macht zu lieben

Sobald wir wie Jamie Jesus nachfolgen, hilft uns Gottes Kraft in den Bereichen, die wir in den vorhergehenden Kapiteln besprochen haben, emotionelle Reife und geistliche Stärke zu entwickeln:

* wir wissen, wer wir sind
* wir werden reifer
* wir bekommen Kontrolle über die Sorge
* wir vertreiben die Depressionen
* wir beherrschen unseren Ärger
* wir überwinden Zwänge

Jetzt wenden wir uns einem letzten Bereich zu: der Freisetzung von Gottes Kraft. Es beginnt damit, daß wir uns seiner Kontrolle unterwerfen – daß wir tun, was er in seinem Wort befohlen hat. Das ist unser Teil bei einem Leben als Christ. Während wir Gottes Wort lesen oder hören, zeigt uns der Heilige Geist unsere Fehler. Manchmal werden wir auch überführt, wenn wir ein Zeugnis oder eine Predigt hören.

Eine Frau, die ich vor einigen Jahren in Newcastle, England, traf, ist ein gutes Beispiel für jemanden, der *gehorsam* auf Gottes überführende Kraft reagiert. Nachdem Dave seine Predigt beendet hatte, kam sie nach vorn und sagte: „Frau Burnham, ich muß mit Ihnen sprechen." Sie weinte so sehr, daß es schwierig war, sie zu verstehen.

Ich sagte: „Mary, was fehlt Ihnen?"

Sie sagte: „Obwohl ich erst seit zwei Jahren verheiratet bin, bin ich schon eine Meckerziege. Ich nörgele an meinem Mann herum, wenn er sich am Samstag mit seinen Freunden treffen will. Ich streite herum und bettele, er solle zu Hause bleiben und Dinge in der Wohnung erledigen. Ich meine, er sollte mir beim Putzen helfen und einige Reparaturen machen. Und da ist noch etwas. Vor einigen Monaten habe ich meiner Schwester gesagt, ich würde nach der Schule bis zum Schlafengehen auf ihren zwei Jahre alten Sohn aufpassen. Ich habe das getan, obwohl mein Mann dagegen war, und unsere Streitereien sind heftiger geworden. Wir streiten uns so viel, daß ich nicht einmal mehr weiß, ob er mich noch liebt."

Eine neue Flut von Tränen strömte aus ihren Augen. Dann sagte sie: „Heute abend habe ich durch die Predigt Ihres Mannes meine Selbstsucht gesehen. Ich habe meine Dominanz erkannt. Ich brauche Gottes Hilfe, damit ich aufhören kann, an ihm herumzunörgeln und ihn zu kontrollieren. Ich muß anfangen, ihn zu lieben."

An jenem Abend entschied sich Mary, ihr Leben in der Niederlage zu beenden. Sie bekannte ihre Schuld und erlebte, wie Gottes Kraft zu lieben in ihr Herz floß. Sie entdeckte, daß Gottes Kraft freigesetzt wird, wenn man sich ihm ergibt. Diese Kraft befähigt uns, zu tun, was richtig ist. Sie lenkt unsere emotionale Energie in die richtige Richtung und bringt uns Erfüllung.

Wo brauchen wir Gottes verändernde Kraft mehr, als in unseren engen Beziehungen zu Hause? Der Widerspruch liegt darin, daß wir dazu neigen, mit Hilfe unserer Kraft diejenigen zu beherrschen, mit denen wir zusammenleben. Aber wir müssen uns Gottes Kraft holen, um unsere Familienmitglieder zu lieben.

Gottes Geist kann Ihre zwischenmenschlichen Beziehungen ändern. Wenn Sie sich Gott hingeben, wie Mary es tat, gibt Ihnen der Heilige Geist das Verlangen und die innere Stärke, seinen Willen zu tun. Wir müssen nur danach handeln. Als Ergebnis können Sie in Ihrem Familienleben geistliche Frucht reifen lassen (Galater 5,22-23). Wie sieht diese Frucht aus?

* *Freundlichkeit* bedeutet, jemanden zart zu berühren; es ist ein sanftes Wort an den, der müde ist; es ist Ermutigung für einen Entmutigten.
* *Langmut* ist für eine Mutter das selbstlose Geben im Still- und Windelalter. Es bedeutet, einem Teenager zuzuhören, auch auf seine unausgesprochenen Worte, auf die Bedürfnisse seines Herzens. Es bedeutet, für Ihren Ehemann dazusein, wenn er Sie am meisten braucht.
* *Freude* ist Teilnahme an den Interessen anderer.
* *Enthaltsamkeit* ist Rücksichtnahme in Auseinandersetzungen.
* *Treue* ist eine warme, interessierte Anwesenheit, wenn andere Familienmitglieder von Ihnen abhängig sind – selbst, wenn Sie sich allmählich auseinanderleben.

Vielleicht gehört eine alte Mutter oder ein alter Vater zu Ihrer Familie. Vielleicht haben Sie außer Ihrem Mann und Ihren Kindern ein behindertes Kind oder eine behinderte Schwester, die alle unter einem Dach wohnen. Anscheinend ist jede einzelne Frucht des Geistes für die speziellen Bedürfnisse von Frauen entworfen worden, die andere pflegen oder versorgen müssen.

Kraft zum Dienen

Erleben Sie Gottes Kraft in Ihrem Leben, während Sie Ihre täglichen Aufgaben erledigen? Lassen Sie sich von ihm verändern? Er kann aus einem sarkastischen Menschen einen freundlichen machen, aus einem

Egoisten jemanden, der sich fürsorglich um andere kümmert. Jede Arbeit, die Sie tun, können Sie für ihn tun. Keine Aufgabe ist so geringfügig, daß sie ihm nicht wichtig wäre, und keine so prestigeträchtig, daß sie ihn beeindrucken könnte. Er möchte seine Kraft in Ihnen freisetzen, um Ihnen zu helfen, ihm zu gefallen, wobei es völlig egal ist, welche Berufung Sie haben.

Als erstes sollten Sie sich davor hüten, irgendwelche Machtspiele zu spielen. Wenn Sie andere Menschen für eigene Zwecke benutzen oder sie zu Ihrem Vorteil manipulieren, dann übernehmen Sie damit das Kommando. Sie treten Gott in den Weg und entziehen ihm die Kontrolle, wenn Sie anderen Menschen schmeicheln oder wenn Sie ihnen nicht die angemessene Anerkennung zukommen lassen, nur um sich selbst in den Vordergrund zu spielen. Wenn Sie Ihre eigenen, selbstsüchtigen Methoden anwenden, um Macht zu erlangen, hintergehen Sie damit Gottes Werk und machen sich selbst innerlich kraftlos. Jeder von uns braucht Kraft, um in seinem Bereich die Arbeit schaffen zu können, aber wir müssen gut damit haushalten und sie zum Wohl derjenigen richtig einsetzen, die wir führen oder denen wir dienen.

Jeder Mensch ist begabt. Vielleicht haben Sie besondere Fähigkeiten im künstlerischen oder musikalischen Bereich. Vielleicht haben Sie eine rasche Auffassungsgabe oder können gut erklären und lehren. Oder Sie sind ein guter Organisator und Leiter. Kreativität mag Ihre Gabe sein. Oder Sie neigen dazu, immer das richtige ermutigende Wort zu sagen oder sich derer anzunehmen, denen es schlecht geht.

Gott schuf Menschen mit einer Vielzahl von Talenten und Begabungen. Wenn diese Vielfalt am Leib Christi vereint wird, wird eine Ausgeglichenheit erreicht (vgl. 1. Korinther 12 und Epheser 4). Ihre ganz besonderen Befähigungen umreißen Ihre Verpflichtungen in der Welt und am Leib Christi (2. Korinther 10,13). Der Heilige Geist gibt Ihnen die Kraft, sie zu erfüllen. Er wird Ihnen helfen, Ihre Gaben in liebevoller, hilfsbereiter Weise einzusetzen, und nicht mit Druck. Wenn Sie Ihren besonderen Dienst entdeckt haben, bitten Sie Gott um Gelegenheiten, ihn zur Entfaltung zu bringen.

Kraft zum Zeugnisgeben

Es gibt eine Aufgabe, die Gott jedem seiner Jünger gegeben hat. Wir haben das Gebot, anderen Menschen die Botschaft von Gottes Plan für die Menschheit mitzuteilen. Jesus sagte: „Darum geht hin und macht alle

Völker zu Jüngern" (Matthäus 28,19a). Bevor Jesus in den Himmel zurückkehrte, versprach er, daß er uns befähigen würde, Zeugnis von ihm abzulegen, indem er uns die Kraft des Heiligen Geistes gibt (Apostelgeschichte 1,8).

Haben Sie Angst davor, jemandem zu erzählen, daß Christus für ihn gestorben ist? Vielleicht hilft es Ihnen, sich an das zu erinnern, was Paulus sagte: „Denn das Wort vom Kreuz ist Torheit denen, die verloren gehen; uns aber, die wir gerettet werden, ist es Gottes Kraft" (1. Korinther 1,18). Wenn wir die Wahrheit trotz unserer Ängste weitersagen, erhalten wir als Belohnung inneren Frieden, weil wir Gott die Ehre gegeben und möglicherweise jemandem zu einer Beziehung mit Jesus Christus verholfen haben.

Ich erinnere mich an eine Gelegenheit, wo ich mich scheute, Zeugnis zu geben. Zusammen mit sechs anderen freiwilligen Helferinnen des Krankenhauses war ich bei einer Party in einer vornehmen Wohngegend in unserer Stadt. Bis zu diesem Zeitpunkt hatte ich mich von den anderen akzeptiert gefühlt.

Nach dem Essen saßen wir alle in bequemen Sesseln und unterhielten uns, als das Gespräch eine Wendung nahm und es plötzlich um die Frage ging, was es heißt, wiedergeboren zu sein. Damals war es „in", sich über diesen Begriff lustig zu machen, aber ich hatte den Eindruck, ich solle ihnen die biblische Bedeutung dieses Begriffs erklären, und auch über meine eigene Erfahrung der Wiedergeburt durch den Heiligen Geist sprechen. Alle sechs waren überrascht und neugierig.

Die Freundlichste von ihnen versuchte, mich zu verteidigen. Sie sagte: „Also, ich glaube, du willst eigentlich sagen, daß du mit einer neuen, frischen Perspektive des Lebens wiedergeboren bist, so, wie man zum ersten Mal wieder Blätter an einer Blume sieht, nachdem man lange krank war." Mir wurde ganz heiß und kalt, aber ich sagte: „Nein, es ist mehr als das. Wiedergeboren sein heißt, durch den Glauben an Jesus Christus innerlich neu zu werden."

Dann sagte diejenige von uns, die das größte gesellschaftliche Ansehen in der Stadt besaß: „Oh, Sue, heute machst du dich aber wirklich lächerlich." Sie hatte mit angezogenen Beinen bequem auf dem Sofa gesessen, aber in dem Moment setzte sie die Füße auf den Boden, beugte sich vor und blickte mir direkt ins Gesicht. Spöttisch sagte sie: „Ich kann es gar nicht fassen, daß du so denkst."

Die Atmosphäre kühlte sich merklich ab, und kurze Zeit später verabschiedete ich mich. Während ich nach Hause fuhr, fühlte ich mich zunächst einsam und verachtet. Aber als ich zu Hause ankam, hatte ich tief in meinem Inneren das warme Gefühl der Gegenwart Gottes und seines Trostes. Das war das Ergebnis davon, daß ich mich seinem Willen gebeugt hatte.

Wenn wir Menschen Zeugnis von Jesus Christus geben, dann verlassen wir uns auf die Überzeugungskraft des Heiligen Geistes, um ihnen Gottes Ansicht über Sünde zu offenbaren. Er zeigt ihnen, daß sie einen Erlöser brauchen. Ich mußte mich auf den Heiligen Geist verlassen, daß er meine Freundinnen genauso überzeugte, wie er zu Pfingsten, als Petrus predigte, die Menschen überzeugte und dreitausend Menschen auf seine Botschaft reagierten (Apostelgeschichte 2,41). Natürlich gibt es auch Menschen, die nicht auf die Überführung des Heiligen Geistes reagieren. Entweder mißachten sie seinen Impuls, oder sie weigern sich, ihm zu folgen.

Charles Colson, der einer der Berater von Präsident Nixon war, mußte während des Watergate Skandals seinen Posten aufgeben. In seinem Buch *Loving God* beschreibt Colson die dramatische Erfahrung, die er machte, nachdem er von der Bekehrung eines Freundes hörte.

> *Als ich an jenem Abend meinen Freund verließ und allein in meinem Auto saß, wurde mir meine eigene Schuld – nicht nur Watergate, sondern das Böse tief in mir – durch die Überführung des Heiligen Geistes machtvoll und schmerzlich bewußt. Zum ersten Mal in meinem Leben fühlte ich mich unrein. Doch ich konnte nicht davonlaufen. Ich war so hilflos wie der Verbrecher, der an jenes Kreuz genagelt war, und was ich in meinem Inneren sah, war so häßlich, daß ich nichts anderes tun konnte, als zu Gott um Hilfe zu schreien.*[3]

Colson hatte seine Position politischer Macht verloren, aber er hatte denjenigen kennengelernt, der die Quelle aller Macht ist.

Kraft zum Gehorsam

Wenn wir Gott gehorchen und uns darauf verlassen, daß er uns hilft – selbst wenn uns andere für Dummköpfe halten –, wird dadurch seine Kraft in uns freigesetzt. Das kann die Kraft der Sündenerkenntnis sein, oder die Kraft seiner Stärke, wenn wir schwach sind, oder die Kraft, uns zu führen, wenn wir Antwort brauchen. Aber immer wird diese Kraft Gottes ihr Ziel erreichen.

Ich erinnere mich an die Zeit in meinem Leben, als ich diese Lektion lernte. Die Hauskreisarbeit in unserer Gemeinde im mittleren Westen begann nur sehr schleppend, und der Anfang war äußerlich entmutigend. Aber anstatt meiner Niedergeschlagenheit nachzugeben, machte ich weiter und verließ mich auf Gott.

An einem kalten Januartag rief mich eine Frau an und fragte, ob ich ihr und ihrer nichtgläubigen Freundin die Bibel erklären könne. Ich hatte noch nie eine Bibelstunde gehalten, aber ich sagte: „Ja, das läßt sich sicher machen."

Ich hatte keine Ahnung von effektiven Bibelstudienmethoden. Also bereitete ich zehn Seiten mit Notizen vor, die ich ihnen vollständig vortragen wollte. Am folgenden Mittwoch lieferte ich unseren vierjährigen Sohn Jonathan im Kindergarten ab und fuhr fünfzehn Kilometer auf vereisten Straßen zu dieser Frau. Ich verteilte meine Notizen auf dem Küchentisch, aber ich schaffte nur einen Bruchteil dessen, was ich mir vorgenommen hatte. Kinder spielten zu unseren Füßen, Anrufe kamen, und überhaupt gab es die ganzen zwei Stunden lang ständig irgendwelche Unterbrechungen.

Ich war enttäuscht, als ich zur Uhr blickte. Ich mußte mich wieder auf den Weg machen und Jonathan abholen. Als ich nach Hause kam, saß eine meiner Töchter weinend auf dem Sofa, weil an jenem Tag in der Schule etwas vorgefallen war. *„Warum ausgerechnet heute?"* dachte ich.

Nachdem ich ihr zugehört und sie getröstet hatte, nahm ich sie vor dem Abendessen mit zum Einkaufen. In dem Laden sah mich eine Nachbarin und rief quer durchs Geschäft: „Ihr Hund lief heute frei in unserem Garten herum, und das fand ich gar nicht gut." Alle Kunden konnten ihre unfreundlichen Worte hören. Ich knurrte ärgerlich: „Wie hat er sich nur losmachen können?" Und wieder fragte ich mich: *„Warum heute?"*

Ich war verlegen und fühlte mich frustriert und entmutigt. Während ich das Abendessen vorbereitete, redete ich erst mit mir selbst und dann mit dem Herrn. *Sue, warum machst du dir soviel Kopfzerbrechen mit diesem Bibelstudium?* Und dann: „Oh Herr, was willst du? Willst du wirklich, daß ich versuche, so eine Bibelstunde zu leiten?"

Als ich nach dem Essen das Geschirr spülte, gingen mir verschiedene Ideen durch den Kopf, wie ich diese Vorfälle wieder in Ordnung bringen könnte. Das Ergebnis war, die beiden Frauen zu mir nach Hause einzuladen, wo ich sowohl ihre Kinder als auch Jonathan und den Hund im Auge behalten konnte.

Während ich mir so meine Gedanken machte, wurde ich zuversichtlich, daß ich eine effektive Methode für unser Bibelstudium finden könnte. Gottes Friede erfüllte mein Herz. Die Entmutigung verschwand. Ich gestattete Gott, die Ereignisse dieses enttäuschenden Tags ins Gegenteil zu verkehren, und ein Hauskreis begann. Die Kraft des Geistes Gottes wurde freigesetzt, weil ich mich völlig auf ihn verließ.

Ich fand die Kraft und die Führung, die ich benötigte, um ein neues Vorhaben auszuprobieren. Der Hauskreis wuchs ständig, weil Gottes Kraft durch unser Leben wirkte – durch Frauen, die sich ihm zur Verfügung stellten und sich von ihm abhängig machten. Wir konnten die Wahrheit der Schriftstelle erleben, in der es heißt, daß Gott „... Dem aber, der überschwenglich mehr tun kann, als alles, was wir bitten oder verstehen, nach der Kraft, die in uns wirkt, dem sei Ehre in der Gemeinde und in Christus Jesus zu aller Zeit, von Ewigkeit zu Ewigkeit" (Epheser 3,20).

Wollen Sie eine wirklich starke Frau werden? Sie können es – durch Christus, die wahre Quelle der Kraft.

Dies ist mein Gebet für Sie:

Himmlischer Vater, ich bete, daß du aus dem Reichtum deiner Herrlichkeit und mit der Kraft deines Geistes die Person an ihrem inneren Menschen stärkst, die gerade jetzt diese Zeilen liest, damit Christus durch Glauben in ihrem Herzen wohnt. Und ich bete, daß sie, in Liebe gewurzelt und gegründet, die Kraft hat, zusammen mit allen Heiligen die Breite und Länge und Höhe und Tiefe der Liebe Christi zu erfassen und die Liebe zu erkennen, die alle Erkenntnis übersteigt – damit sie erfüllt wird bis zum Maß der ganzen Fülle Gottes. (aus Epheser 3,16-19)

Wie üben Sie Macht aus? Selbstsüchtig? In Liebe? Nachfolgend finden Sie eine Checkliste, die Ihnen hilft, die Machtfaktoren in Ihrem Leben zu bewerten. Es ist gut, sich diese Liste immer wieder anzusehen, um die Entwicklung Ihrer persönlichen Machtstruktur zu überprüfen.

Fragen Sie sich selbst:

Checkliste: Anwendung von Macht

1. Versuche ich, andere durch eines der folgenden Täuschungsmanöver zu beherrschen?

	ja	nein
Manipulation	☐	☐
Wohlwollen erkaufen	☐	☐
weibliche Verführungstaktiken	☐	☐

2. Wozu brauche ich die Kraft des Heiligen Geistes in meinem Leben?
   - ☐ um eine Beziehung zu heilen
   - ☐ um mich zu führen
   - ☐ um mich zu trösten
   - ☐ um einen Verwandten zu überführen und zu Christus zu führen
   - ☐ sonstiges: ________________________________

3. Was schränkt die Kraft des Heiligen Geistes in meinem Leben ein?
   - ☐ Gebe ich der Sünde nach?
   - ☐ Kontrolliere ich mein Leben selbst, statt mich auf Gott zu verlassen?
   - ☐ Beherrsche ich andere aus selbstsüchtigen Motiven heraus oder mit unzulässigen Methoden?
   - ☐ Betrübe ich den Heiligen Geist? (Epheser 4,30)

Anmerkungen

[1] Cheryl Forbes, The Religion of Power (Grand Rapids, Mich.: Zondervan, 1983), S. 109, S. 135.

[2] Alexander Solschenizyn, Der Archipel Gulag, zitiert nach der deutschen Übersetzung © 1974 by Scherz Verlag Bern. S. 148.

[3] Charles W. Colson, Loving God (Grand Rapids, Mich.: Zondervan, 1983), S. 121

In der Reihe „Das helfende Wort – Ratgeber" liegen außerdem vor:

Miriam Neff
Mütter im Konflikt
Bestell-Nr. 330062, 180 Seiten
Frauen zwischen Familie und Beruf.

Wolfgang Dünnebeil
Spannendes Zusammenleben
Bestell-Nr. 330063, 146 Seiten
Konflikte lösen lernen.

Carolyn Williford
Mehr Andachten für Familien, die nicht stillsitzen können
Bestell-Nr. 330064, 146 Seiten
Die Fortsetzung zu „Andachten für Familien, die nicht stillsitzen können".

John und Carol Dettoni
Minuten, die zählen
Bestell-Nr. 330100, 175 Seiten
Erziehen als Berufstätige.

Marilyn Willett Heavilin
Wenn Träume sterben
Bestell-Nr. 330101, 145 Seiten
Loslassen – neu anfangen – wieder leben.

Sue Burnham
Gefühle verstehen – Perspektiven gewinnen
Bestell-Nr. 330125, 128 Seiten
Vom richtigen Umgang mit unseren Empfindungen.

Cary Chapman
Die fünf Sprachen der Liebe
Bestell-Nr. 330126, 141 Seiten
Wie Kommunikation in der Ehe gelingt.

FRANCKE
Verlag der Francke-Buchhandlung GmbH